立人天地

成为父女：
爱的梦幻之旅

Oh Boy, You're Having a Girl
A Dad's Survival Guide to Raising Daughters

【美】布莱恩·克莱姆斯 著
Brian A. Klems
于月新 译

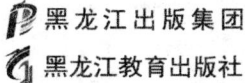

黑龙江出版集团
黑龙江教育出版社

版权登记号：08-2016-072

图书在版编目（CIP）数据

成为父女：爱的梦幻之旅 /（美）布莱恩·克莱姆斯（Brian A.Klems）著；于月新译.
— 哈尔滨：黑龙江教育出版社，2016.9
ISBN 978-7-5316-8981-2

Ⅰ. ①成… Ⅱ. ①布… ②于… Ⅲ. ①家庭教育
Ⅳ. ①G78

中国版本图书馆CIP数据核字(2016)第238284号

OH BOY, YOU'RE HAVING A GIRL: A Dad's Survival Guide to Raising Daughters by Brian A.Klems
Published by arrangement with Finch Publishing Pty Ltd through Bardon-Chinese
Chinese simplified translation © 2016 by Heilongjiang Educational Press Co. Ltd.
ALL RIGHTS RESERVED

成为父女：爱的梦幻之旅
CHENGWEI FUNÜ: AI DE MENGHUAN ZHI LÜ

作　　者	〔美〕布莱恩·克莱姆斯（Brian A.Klems）著
译　　者	于月新　译
选题策划	杨佳君
责任编辑	宋舒白　杨佳君
装帧设计	Amber Design 琥珀视觉
责任校对	周维继

出版发行	黑龙江教育出版社（哈尔滨市南岗区花园街158号）
印　　刷	北京鹏润伟业印刷有限公司
新浪微博	http://weibo.com/longjiaoshe
公众微信	heilongjiangjiaoyu
天 猫 店	https://hljjycbsts.tmall.com
E－mail	heilongjiangjiaoyu@126.com
电　　话	010—64187564

开　　本	700×1000　1/16
印　　张	15.5
字　　数	154千
版　　次	2016年11月第1版　2016年11月第1次印刷
书　　号	ISBN 978-7-5316-8981-2
定　　价	32.00元

献给艾拉（Ella）、安娜（Anna）和米娅（Mia），
你们是上天送给我最好的礼物，
哪怕是辛辛那提红人①的部分股权，也比不上你们。

---

① 辛辛那提红人（Cincinnati Reds）是一支位于俄亥俄州辛辛那提的美国职棒大联盟球队，隶属国家联盟中区，亦是美国大联盟中最早成立的一支球队。——译者注

成为父女：爱的梦幻之旅

目录

Oh Boy, You're Having a Girl

A Dad's Survival Guide to Raising Daughters

序		1
第一章	是个女孩！	1
第二章	粉红色综合征	15
第三章	你的社交生活	39
第四章	迪士尼会摧毁你的生活	53
第五章	朵拉年	69
第六章	学会爱上喝茶	83
第七章	加时赛：该睡觉时不睡觉	95
中场测试		110
第八章	意想不到的女儿提问	115
第九章	她病了，你整个人都不好了！	129
第十章	从换尿布到如厕训练	143
第十一章	如何让她"不爱芭蕾爱运动"	159

第十二章　怎样面对她的情窦初开	173
第十三章　未来破产日	181
第十四章　为何拥有女儿是最棒的	199
第十五章　父亲急救箱	213
终极测试	219
附录	225
致谢	234

序

作为本书的男性读者，你要么已经有了一个女儿，要么即将拥有一个女儿。抑或你正等在产房外，希望里面传来的是一阵男婴的哭声。然而，我要告诉你的是：结果往往都事与愿违。

有件事很明确——你会变得无所适从。因为，从小到大，无论是与人击掌撞胸，还是慢慢蓄起胡子，你所学所会均是男性技巧，完全不知该如何教养一个女孩。而实际上，你的那些朋友们，他们完全了解你对女孩知之甚少，所以可能至今还在疑惑，你是如何追到一位如此聪明漂亮的妻子的。当你告诉他们，你是在打棒球时吸引她的时，他们肯定不会相信。

有了女儿之后，情况会大不相同。你将会踏上一条完全不同的路，途中遍布芭蕾舞鞋和过家家这些东西。（不过，当你可爱的小女儿用她可爱的小手为你烹一壶"假"茶时，你会以令自己都觉得惊讶的速度爱上它。）你可能会不时地预约眼科医生，来检查自己是否患上了粉红色妄想症——因为自从女儿出生后，你的视觉范围内好像就只有粉红色的东西了。还有，你会抓紧每时每刻的时间来说服你的妻子，你家门前需

要建一条十七英尺宽的护城河，河里要养满短吻鳄和喷火龙。（温馨提示：我曾经在一本书上看到过，这样做不仅可以提升房产价值，还能省下一笔住房保险的开销。）

然而，在你对此种种感到惊慌失措从而对你的妻子口出狂语（例如，"你确信这个孩子是我的吗？"或者"我喜欢勒布朗从克利夫兰逃走的方式"①）之前，请先听我把话说完。养育一个女儿，是你作为男人将会经历的最大的挑战之一——但同时也是最有回报的事情之一。

撇开上述玩笑不谈，女儿真的是最好的。我自己有三个女儿，每一个都是我最珍惜的宝贝。我的绝大多数笑容的源泉，就是她们几个。因为她们，我会为了电视上播放一集《爱探险的朵拉》（Dora the Explorer）而兴奋不已；因为她们，我会每天都特别努力，让这个世界变得更加美好。

不过，养育女儿依然不是一件轻松之事。相信我，我有养育三个女儿的经历。

在我二十七岁的时候，我的妻子告诉我，是时候想想要孩子的事情了。于是，我的脑海里便出现了这样的景象：绿草如茵的院子里，围起一圈篱笆。我的大儿子，已经能通过掰手腕来赢我的钱了。我的二儿子，跟我一起在高尔夫球场上欢快地玩耍，虽然开球明明打到了界外，但我俩都假装球落入了某个洞内。而我的小儿子，在我的指导和训练

---

① 勒布朗·詹姆斯（LeBron James）：美国著名的男子职业篮球运动员，2003—2007年，他效力于NBA克利夫兰骑士队，其间获得两届NBA最有价值球员称号，2010年转会至迈阿密热火队。——译者注

下，正兴致勃勃地争取少年棒球联合会的冠军，却全然不知自己的头盔被落在了后院里。而在一旁观看的我，从容淡定地笑着。

那是我第一次想象自己当父亲的样子。脑海里的画面还好，那时的我觉得，为人父母也并没有那么可怕。

然而，一年之后，我的第一个女儿降生了，一切尘埃落定。之后又迎来了我的第二个女儿。后来，我的第三个女儿也……发现其中的规律了吗？弹指一挥间，梦想着跟儿子掰手腕、教儿子打棒球的我，骄傲地成了三个五岁以下女儿的父亲。我不能责怪任何人，但我敢肯定，我的妻子之所以像下了决心般地疯狂生女儿，一定是为了惩罚我总是将牙膏挤到洗手池里。

虽然最开始的确有些惊慌，但后来的我已经完全适应。（实际上，我已经学会享受其中了。）而我也希望能够帮助你，帮助每一位读者朋友适应和享受"父亲"这个身份。初为人父的这五年，我学到了很多。我希望，自己的这些育女经历、建议和智慧能够帮你学会面对诸如以下的这些挑战：你的女儿，可能会让你帮她给所有的迪士尼公主起名字，也可能会在你的一堆垒球面前充满童真地问你："爸爸，你的球在哪里？"（相信我，这样的事真的会发生，不过这点我们之后再谈。）事实证明，无须掰手腕和教棒球，我依然可以成为一位优秀的父亲，拥有一个幸福的家庭。实际上，我已经开始享受——好吧，是容忍——芭蕾、粉红色还有朵拉了。如今我的生活，千金万物皆不换。

相信你在读完这本书后，便不会再像当初听到医生说出"天啊，是个女孩！"这改变你一生的六个字时那样，感到无比恐惧了。相反，你会开始觉得，拥有女儿是非常幸运的一件事——毕竟，人们所言"爸爸的贴心小棉袄"还是有道理的。

不过，我依然还在想着建那条护城河。

第一章
是个女孩！

（你无法给她取名"威震天"了！）

Oh Boy, You're Having a Girl

A Dad's Survival Guide to Raising Daughters

成为父女：爱的梦幻之旅

讨论越来越激烈，其中伴随着类似于"这是我这辈子听到过的最愚蠢的起名建议"这样有用的、建设性的批评。小学时被欺负的弱小者的名字、前女友的名字、好莱坞上流社会人士的名字、父母建议过的名字、经常被与狗狗联系到一起的名字以及视频游戏里各种角色的名字，被我们一一否决掉。

人们总说，分娩不易。他们会给你讲产房里各种可怕的故事、数小时的疼痛以及上面除了冰块还是冰块的清单。对此，我想跟你分享一个利好的信息——我非常负责任地告诉你，这些人完全都是在撒谎！我发现，分娩是一件非常容易的、无痛的事情——除了在填写各种保险表格时，会被轻轻"割伤"之外。

　　在我们的分娩故事开始时，我正在我的父母家，跟他们炫耀我的新苹果笔记本电脑——一款非常酷的电脑，它可以使人将啦啦队队长带到毕业舞会上，然后上二垒——并且是两次！（提示：千万不要让你的女儿跟有苹果笔记本电脑的人约会！）我给我的妻子打电话，继续吹嘘，顺便问问她什么时候下班。我们之间的对话是这样的：

　　妻子："我觉得我可能要生了。"

　　我："真的吗？！"

　　妻子："我要先发几封电子邮件，然后把一些零碎的东西都收拾好。"

　　我："你疯了吗？！赶紧回家！"

　　妻子："哦，我刚收到一封詹妮弗的邮件，标题写着'史上最

搞笑的视频'。我要赶紧看一下。"

我:"你是不是真疯了?!马上回家!"

妻子:(没有接我的话,自顾自地笑起来。)

我:"那好吧。发给我也看一下。"

接下来的二十分钟,是我人生中最漫长的二十分钟。我在房间里踱来踱去。她现在开始往家走了吗?还是在收拾她的工位?她是不是被粘到电脑上,研究怎么给她的丈夫做足疗呢?①我的思维已经不受控了,因为用不了多久,我就要当爸爸了——生平头一遭!我已经迫不及待地想看到我的儿子了——我一直坚定地认为,除了儿子,我的妻子怀不上其他东西。不过,我也确实想象过,如果我的妻子怀的是一只猴子的话,将会怎么样(即使是在做梦,这也是最扯的梦)。因为我的妻子不让我提前查看孩子的性别,所以我一直假设他是个男孩。

终于,她回来了。我可爱的妻子一进家门,就让我给医生打电话。我当然照做。

"是的,医生,阵痛大概每三十分钟一次……是的,她看起来非常痛苦……不,我觉得辛辛那提红人在他们的候补区并没有足够的人选可以帮他们在今年的季后赛中走得更远……你喜欢那个家伙?!他最差了!我都比他强!……好的。"(我挂掉了电话。)

我的妻子,此时此刻疼得都直不起腰来了。她回过头问我:"医生

---

① 无论是否待产,这都绝对是妻子告诉丈夫自己在加班的一个好理由。

怎么说?"

如果你身旁有个孕妇,而她马上就要生了,那么,这里有一些重要的建议。在这个时候,她最不想听到的话是这样的:"我知道你很疼,而且会越来越疼……而且疼的次数会越来越频繁……而且当你觉得已经是最疼了的时候,其实之后还会更疼。当你疼到极致并且阵痛的频率达到每个体育活动中间插播广告的次数时,我们才能再给医生打电话,询问是否可以去医院。"

除非你想在孩子出生之后的全家福中以乌眼青示人,否则的话,这个时候你最好将自己与医生之间的谈话先浓缩一下再告诉她,并且迅速转移话题:"我不知道。我觉得他喝醉了。想不想吃塔可钟①?"

闪亮登场

当我们终于可以去医院之后,路过一间间产房,看到一个个门前的一张张横幅。"是个男孩!""是个男孩!"他们都这样说。像所有未能通过早期超声波得知婴儿性别的翘首企盼的父亲一样,我把人们的话语当成一种暗示,继续自信地认为,很快我就要跟妻子讨论包皮手术的事情了。或者,我们的儿子将来要打什么位置,游击还是中场?②

终于到了临盆的时刻,我的任务是抓住腿2号——这是一项非常重要

---

① 塔可钟(Taco Bell)是世界上规模最大的提供墨西哥式食品的连锁餐饮品牌,隶属于百胜全球餐饮集团。塔可钟在美国的五十个州有七千多家连锁餐厅,在世界其他国家和地区也有长足的发展。——译者注
② 开个玩笑,很明显,正确答案应是左撇投手。

的工作，它既可以使我参与到这件神奇的事情中，又让我有一只空闲的手，可以随时查看邮件以及改变我幻想中的棒球阵容。我还可以实时跟进那天晚上我的垒球队的进展。由于一位非常靠谱的队友，分数突然变为18（我方队）比16（对方队），并且非常可爱的裁判宣布，所有人都不能再往一垒的位置跑了。我把这个好消息告诉我的妻子，可是不知为何，她似乎并不感兴趣。只有医生跟我击掌。

我们盼望已久的时刻终于到来了：产房里的电视上开始播《纯真年代》[1]了！然而，我还没来得及看一眼我初中时代的梦中情人温妮·库珀（Winnie Cooper），孩子的脑袋便出来了。然后是胳膊。然后是躯干。然后是屁股。然后是脚。孩子浑身上下都附着一种在我的想象中或许熔岩灯中会使用的东西，看起来就像是一个外星人。不过，他总算来了。我的儿子出生了。

"是个女孩！"医生说。

我直接昏了过去。

（勉强）接受

我想说明的一点是：从你见到自己女儿的那刻起，你就会完全倾心于她，并且会很高兴，你有了一个健康的女儿。[2]

---

[1]《纯真年代》（*Wonder Years*），美国的一部电视喜剧，1988—1993年由美国广播公司（ABC）播出。《纯真年代》一共播出六季，其中四季的收视率排名都进入了尼尔森收视率统计前三十名（Nielsen Top 30）。——译者注

[2] 不过，一只猴子也是很酷的。

外表上，我很高兴。内心里，我极度害怕。这个时刻我已经在自己的脑海里幻想过一百万次，而无论哪一次，分娩时都没有出现过被保险表格割伤或者熔岩灯黏性物。在我的想象中，生孩子很简单。一只被我命名为马文的鹳，会生下一个男婴。我会往那个男婴的头上戴一个棒球帽，并给他取名"打王"皮特·罗斯·克莱姆斯——来自传奇的棒球手和专业的签字师彼得·爱德华·罗斯（Peter Edward Rose）。我会成为朋友们忌妒的对象。之后，我还要花五十美元，请彼得·罗斯给我的"打王"皮特·罗斯·克莱姆斯在前臂上签个名。

然而，我的妻子却非常不可理喻，不同意我给我们的女儿取名皮特。巴比·鲁斯也不行。所有来自于变形金刚家族的人的名字都不行，比如威震天。

"我们生的是女儿。"她说。"我们的女儿应该有一个美丽的名字，比如奥利维亚或者诺拉。"

在这本书中，你将会学到很多有价值的守则，而此处是第一个：

父亲守则

对于一些重要的事情（比如要看哪个电视节目）和不太重要的事情（比如孩子的名字），你的意见都不再重要了。如果幸运的话，你可能偶尔会有权选择订购比萨的地方——但即使是这样的权利，也是漫不经心的。因此，为了避免在充满女人的家中最终战败，你一定要明智地选择自己的战争。

"我觉得我们还是应该叫她威震天。"

像打比赛一样给孩子取名

给孩子取名是一场大战,就像美国大学生体育协会的"三月疯狂"篮球冠军赛一样。作为父母,我们现在都是取名委员会的重要成员。我们花了很多个月的时间阅读相关的起名书籍,研究统计资料,查看哪些名字更容易被人起外号,比如莉蒂亚·克莱姆蒂亚,将我们心仪的名字罗列到一个清单上,然后再将其中最后胜出的作为我们孩子的名字。

讨论越来越激烈,其中伴随着类似于"这是我这辈子听到过的最愚蠢的起名建议"这样有用的、建设性的批评。小学时被欺负的弱小者的名字、前女友的名字、好莱坞上流社会人士的名字、父母建议过的名字、经常被与狗狗联系到一起的名字以及视频游戏里各种角色的名字,被我们一一否决掉。(对不起,塞尔达公主①,我已经尽力争取了。)在整个赛季的争论之后,我们最终甄选出六十四个我们两人都愿意考虑的女孩名字。

就像"三月疯狂"中总会有常年精力旺盛的球员进球一样,像是伊丽莎白、莎拉、玛丽、克莉丝汀、詹妮弗和杰西卡这样的名字,也拥有良好的声誉和卓越的历史,并且在大多数情况下,你的家庭成员中也有

---

① 塞尔达公主(Princess Zelda)是全球电子游戏业三巨头之一——任天堂公司经典作品《塞尔达传说》系列中的虚拟角色,在《塞尔达传说》系列故事中,基本可以认为,每一个作品中的"塞尔达公主"都是不同的人。——译者注

一个叫这样名字的人,而当你对她说"当然,我们就是根据你的名字来给我们的孩子取名的,因为我们非常爱你"时,她也会完全相信。然而,最有可能的情况是,你会给自己的女儿取名为杰西卡·阿尔芭①。

进入新千年之后,又有几个新的名字受到热捧,比如麦迪逊和艾玛。因为流行,所以很多人会给自己的孩子取这样的名字。然而,同样因为流行,也会有很多人不让自己的孩子叫这样的名字。实际上,我不太能理解这个数学等式。我的妻子试图给我解释,但听得我头都大了。我只知道,她所使用的运算法则,只不过是为了把我喜欢的名字排除而已。

讨厌的数学。

接下来是梦幻的名字——这些名字拥有相当好的统计数据,并且足够神奇到赢得冠军赛,比如林恩和梅丽莎。这些名字已经受欢迎很多年,但是,因为在某种程度上不好找工作以及你的妈妈有很多叫这种名字的朋友,所以,它们进不到十六强。

最后,你还有自己的灰姑娘的故事——这些名字原本你的妻子绝对不同意考虑,但是它们会偷偷地自动晋级,因为你是在你的妻子处于半睡半醒的状态下询问她的。这也叫作"赢得联盟锦标赛"。它包括你一直以来都很喜欢的名字,比如维奥莱特、培根和彻姬塔。你非常支持的这些名字,偶尔也能在竞争之路上走到很远。但是,这种灰姑娘队员基本上是无法走到最后的,因为你的妻子最终会完全醒来的。不过,这样

---

① 杰西卡·阿尔芭(Jessica Alba):1981年4月28日出生于美国加利福尼亚州,美国影视演员。代表作有《罪恶之城》《神奇四侠》等,曾获第58届美国金球奖剧情类剧集最佳女主角提名。——译者注

的名字能够晋级，长远来说依旧是件好事。因为当将来有一天，你十七岁的女儿由于你不让她去看她最爱的卡车韵律（Rhymes with Truck）乐队的演唱会而讨厌你时，你可以看着她的眼睛说："你的人生本来可能更糟糕的。你的妈妈还想给你取名叫彻姬塔呢。"

无论你是否意识到，在这个阶段，真正的兴奋开始出现了。可供考虑的名字中有一半被淘汰，另一半入选。在几个星期的时间里，一些名字会打败另外一些名字，从而产生胜利者。一些名字会在最后考量时被淘汰，而其他名字则取得一边倒的胜利。你比较看好的名字会失败，而最初你觉得机会很小的名字却会一路挺进八强。如果幸运的话，当你进产房的时候，四强名单中至少还有你的一席之地。

我和妻子一起将取名的范围不断缩小，但是我并没有特别在意。我为什么要在意呢？我没有假装生病（我是真的咳嗽），在三月份缺席讨论，去看女篮冠军赛了。不过，我们的女儿值得一个好名字（你的女儿也一样）。这是你防止她成为脱衣舞娘的第一个机会。

选择一定要明智。

你一定要考虑的十个名字

还在为你女儿的起名问题发愁吗？对你挑选的所有名字都不甚满意？在此，我总结了一份名字清单，它们代表了我们成长过程中遇到的所有最重要的女性。这些名字都是我们曾经在给女儿取名时考虑过的。很有可能在上大学时，与同伴喝了一夜的酒之后，你打赌输了，他们便会让你从这份清单中挑选一个作为你的名字。

只要将你的姓氏加到下面这些名字中任何一个的后面,就大功告成啦。

- 莱亚公主(Princess Leia);
- 桃子公主(Princess Peach);
- 黛西·杜克(Daisy Duke);
- 时尚辣妹(Posh Spice);
- 卡门·伊莱克特拉(Carmen Electra);
- 甜心卡洛琳(Sweet Caroline);
- 血腥玛丽(Bloody Mary);
- 猫女(Catwoman);
- 温妮·库珀;
- 巴特沃斯太太(Mrs. Butterworth)。

与你的岳父结盟

当你的女儿有了自己的名字之后,她就是一个真正的人了。从这个时候开始,你才真正意识到,自己有了一个女儿。在这之前,你一直都还认为自己生的是个男孩。然而从此刻起,你不能再那样想了。你生的不是男孩,而是女孩——一个可爱的小女婴,将来某一天会成长为一个女人。你知道女人意味着什么——她们会有胸部,并且会成为那些邪恶

的、被称为"男人"的生物的猎物。更糟糕的是,有一天她也会对他们产生兴趣。别再幻想着自己会有个儿子了。你如今的任务很明确。你必须要保护她,不惜一切代价。

这项"保护任务"很快便会给你带来一个好处:在你的女儿出生后,你立刻就与你的岳父结盟了,并且,你现在完全能够理解,他为何不喜欢你。因为你是一个男人!之前你会觉得这个理由很扯,毕竟你已经跟他的女儿交往了八年。但是现在,你也有了自己的女儿了。是时候向你的岳父道歉了。

先生,我非常抱歉,我用自己粗犷、帅气的外表和强大的吸引力迷倒了您的女儿。如果您曾经产生过朝我挥拳的冲动,我表示完全理解。只要别打我的脸和敏感部位就行。

为了防止你的女儿与任何男生鬼混,你会向你的岳父讨教——毕竟,有个男生曾经向他的女儿献殷勤,并最终说服她嫁给了他。他甚至还把她的肚子搞大过!(真是个浑蛋!)直到现在你才明白,当时你的岳父是多么愤怒。在我的大女儿出生之后,我跟岳父之间的第一次谈话,便是围绕这个话题的。当时我俩的对话是这样的:

我:"当时是什么情况?"

岳父:"我把她赶出了家门。"

我:"我绝对不会那样做的。"

岳父："很好。因为如果你这样做了，她就会嫁给某些笨蛋。"

我："你是说我是……等一下，我刚收到一条信息。不可能！我的朋友说，他们正在用蓝光光盘重播《星球大战》（Star Wars），其中还有二十个小时的附加内容，里面都是之前从未播出的乔治·卢卡斯（George Lucas）吃比萨的连续镜头！我必须要看这个！"

岳父："千万别把她赶出家门。"

父亲守则

当你向你的岳父寻求建议时，一定要谨慎听取。因为，他并没能成功地阻止你。

结语

虽然生产日当天发生的一切并不完全在自己的计划之内，但你总算是熬过来了。有些人甚至会说，经过这一天之后，你升华了。这样说的人可能当时并不在场。但是，一段时间之后，当你向别人复述自己女儿的出生经过时，你可以将一些细节润色一下。（例如，当婴儿快要从你妻子的身体里滑出来的时候，你用自己啤酒联盟的棒球技巧快速介入，来了个前扑接球——是的，实际情况就是这样的，而不是在看到针头之后立刻晕了过去。）这样一来，你便可以让他们相信你的英勇行为。这

就叫作"让一切变得更好"。

事情开始向前推进。医生允许你们把孩子带回家,而你却突然意识到,自己完全不知道如何养育一个孩子,尤其是一个女孩。于是,你犹豫了:是否应该听医生的话,把女儿带回家,然后抚养她长大呢?你要求在医院里再待三年,来学习护理事务以及如何养育女儿。

不幸的是,你之前买过的所有保险中,都没有这一项。(相信我,我试过了。)

这时,你抓起自己的背包和自己的妻子,往自己的车走去。然后你又跑回来,把被你忘了的女儿抱上。从医院出来到走进车里这段路上,你仔细观察着她美丽的眼睛,开始梳理与她有关的一切。我的意思是,养育女儿与养育儿子到底有什么不同呢?算了,我可以把她当成儿子养!对,就这么办!或许,当只有我们两个人的时候,我还可以叫她威震天。

你这个大傻瓜!你觉得你的妻子(以及你生命中的所有其他女性)会让你这么做吗?要知道,她们是有信用卡的,并且在"世界上所有最女性化的商店"都有网络账号。新手错误。不过,每个人都会犯这样的错误。我也犯过。当你离开医院、开车回家之后,一切都变了。正如我之前所说的,分娩一点儿都不痛苦,痛苦的是接下来的几个月所发生的一切。

前方长路漫漫,且行且学习。

第二章
粉红色综合征

（教你如何给女儿穿衣服）

Oh Boy, You're Having a Girl

A Dad's Survival Guide to Raising Daughters

成为父女：爱的梦幻之旅

> 女人很聪明。超级聪明。实际上，在养育女儿的时候，你会一直依赖你的妻子，因为她是女性各方面的常驻专家。而在女性的任何方面，你都一无所知。但是，当遇到小婴儿鞋的问题时，大部分女人都会彻底失去理智。

在这个世界上，只有六种东西是你永远都享用不够的：空气、金钱、婴儿的亲吻、笑声、性和烤干酪辣味玉米片。粉红色并不在这个清单上。然而，一旦你有了一个女儿，你就会觉得，这个清单上好像只有粉红色了。

长这么大以来，你的生命中可能还没有过任何粉红色的东西。实际上，你甚至都不能确定，是否真的有粉红色这种颜色。总而言之，粉红色在你的生活里并不存在，对你来说，它就像尼斯湖水怪①或者不会给你施压的岳母一样，是个传说。

然而，当你向全世界宣告，你的妻子确实生了一个女儿之后，你不得不接受这样一个残酷的事实：粉红色是确实存在的。并且，它将会毁了你的生活。

这个东西也能被做成粉红色的？

当大家知道你有了一个女儿之后，各种礼物便会纷至沓来。不幸的

---

①尼斯湖水怪（Ness Monster）：地球上最神秘也最吸引人的谜团之一。早在一千五百多年前，就开始流传尼斯湖中有巨大怪兽常常出来吞食人畜的故事。——译者注

是，这些礼物一点儿也不实用——它们既不是新的烧烤套装，也不是你最爱的球队月票。你收到的东西五花八门，但它们都有一个共同的特点：粉红色。

粉红色的围嘴、粉红色的帽子、粉红色的气球、粉红色的尿布、粉红色的尿布包、粉红色的擦嘴巾、粉红色的婴儿床床单、粉红色的橡皮环（婴儿长牙时咬的）、粉红色的巴姆堡斯（完全不知道它们是什么）、粉红色的婴儿车、粉红色的汽车座椅、粉红色的瓶子、粉红色的婴儿摇椅、粉红色的相册、粉红色的裙子、粉红色的裤子、粉红色的鞋、粉红色的蝴蝶结。粉红色的连体衣，上面还标着愚蠢的话语，像是"如果你觉得我很可爱，那绝对是遗传我的爸爸"，从而试图使你忘掉它也是粉红色的这个事实。还有很多很多。

所有这些之前被视为"家人"和"朋友"的恶人，他们会找遍世界的每一个角落，从这里到白俄罗斯，直到他们找到世界上所有粉红色的东西，然后买下来送给你——就好像这样做是在帮你忙一样。

"天啊！这些粉红色的小婴儿袜是不是特别可爱！"菲利斯阿姨说。"我坐了一班飞机，两趟公交车，一艘平底船，爬了五层楼，才找到北美一家卖这种袜子的小店！你是不是跟我一样兴奋？！我也可以把这一百美元的路费和七十五美元的鞋费都放入她的大学基金里——由于学费的增长和通货膨胀，这个账户可能每年都需要存入一万七千美元——但是，这些小婴儿袜实在是太可爱了，我根本无法拒绝。"

父亲守则

女人很聪明。超级聪明。实际上，在养育女儿的时候，你会一直依赖你的妻子，因为她是女性各方面的常驻专家。而在女性的任何方面，你都一无所知。但是，当遇到小婴儿鞋的问题时，大部分女人都会彻底失去理智。

由于菲利斯阿姨——还有黛比阿姨、黛尔阿姨、唐娜阿姨、丹奈特阿姨、玛莎阿姨和（不要惊奇）格伦叔叔——粉红色很快就会成为你家唯一的颜色。为了体现粉红色对自己生活的强烈来袭，我本来应该在写这个词语的时候，每个字都进行强调！粉！红！色！但是我不会这样做。一部分原因是，我不想将这种令人震撼的负面情绪传染给你，让你不舒服；而另一部分原因是，我的编辑也不喜欢我这样做。

你之前的东西会遭遇什么？

记住：在去医院之前，你家的房子是多种颜色的正常混搭，从蓝色到深蓝到更深的蓝到黑蓝到棕褐色（我觉得法国人管这种颜色也叫蓝色）。墙上挂着你最喜爱的各位运动偶像的海报，海报上的他们都穿着粗犷的制服，上面写着"孟加拉""牛仔"和"爵士乐"这样的术语。那个时候最有可能在你家里出现的粉红色的东西，是帕丽斯·希尔

顿①穿泳装的照片，而那也是你的高清电视（我把它叫作斯蒂芬）强迫你看的。（哥们儿，相信我。我知道，你的妻子会认为，实际上是你自己想看帕丽斯·希尔顿的主场秀，但是你可以把责任都推到斯蒂芬的身上。）

而当你回到家之后，你会发现，之前的一切都不见了。（除了关于帕丽斯·希尔顿的东西——你太无耻了，斯蒂芬！）很显然，在新生儿庆祝派对上，粉红色的东西实在是太多了，你的家瞬间变成粉红色的海洋。现在，你拥有的每一样东西都是粉红色的。你的运动偶像的照片被你女儿的照片取代，而她穿的当然也是粉红色的衣服。无论你多么努力地试图移开所有粉红色的东西，将自己的海报、腿灯和画满足球的毯子从地下室里取出来，都无济于事。粉红色到处都是，我的朋友。

到处都是。

更糟糕的是——从我目前的经验来看——这种粉红色综合征将会在你接下来的生活中持续多年。（除非你足够幸运，变为10%的男性色盲之一。）

粉红色不仅是一种颜色，还是一种生活方式

并不仅仅是粉红色让你抓狂，实际上，你周围的一切都在发生改变。你的朋友们对你的态度会不一样了。你的电视节目最终会被女孩的

---

① 帕丽斯·希尔顿（Paris Hilton）：1981年2月17日出生于美国纽约，模特、演员、歌手、作家、商人，希尔顿集团的继承人，有着挪威、德国、爱尔兰、意大利四国血统的混血儿。——译者注

卡通片取代。你甚至不能去厕所——过去无论去哪间屋子里，你都觉得游刃有余——但是现在，你会被各种粉红色的小鞋子和穿着粉红色衣服的洋娃娃绊倒。你的口袋里装的不再是钱包和钥匙，取而代之的是各种蝴蝶结和发卡，并且必须随时携带，以备不时之需。

你的男子气概不仅仅是遭到挑战，简直就是被粉碎了。就像所有的希望和梦想破灭了一样。此时此刻，你根本无计可施，只能默默期盼，有一天你的女儿会长大，长大后的她会喜欢一些不是那么女性化的东西，比如棒球或者音乐剧。

父亲守则

不要等着你的女儿自己要求一点男子气概，而要主动培养她。让它成为其生活中的首选。当你的女儿稍微大一点，差不多四岁的时候，教她一些有价值的技能，像如何帮你报税，或者如何向一些大超联赛的粉丝残忍地发出"嘘"声。这个时候，你的妻子可能会瞪着你，试图引导你的女儿学习一些没那么有意义的事情，比如"公园"什么的。她根本就没有考虑到实际情况：税费还有大概一个小时就到期了，而那些大超联赛的粉丝是自找的[1][2]。

---

[1] 如果你是一位大超联赛的粉丝，并且购买了这本书，那么我想让你知道，我只是在开玩笑。我的一些最亲密的朋友也是大超联赛的粉丝。如果他们有人觉得因此被冒犯，我发自内心地说一声，抱歉。

[2] 实际上，我并不觉得抱歉。嘘！

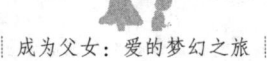

悲伤的五个阶段：如何在粉红色的世界里求生

为了抵抗粉红色对你生活的袭击，你必须把它想象成你新爱上的运动球队。举个例子：当有人给你的女儿买了一件粉红色的小衬衫时，你要把它想象成一件运动衫。为了强化这种想象，你可以在她收到的每一件粉红色衬衫的背面都标上一个数字序号。你还可以加上自己的姓氏。或者，只要你喜欢，还可以使用一句聪明的假话，比如"我的爸爸有一支猎枪"。我建议，在她三十岁之前，你都可以坚持这样做。

面对粉红色综合征，要经历悲伤的五个阶段：

阶段1：否定和排斥

"并不是所有的女孩都必须要穿粉红色的衣服。我的孩子绝对不会喜欢这种令人讨厌的色彩，而且我相信，我聪明的女儿一定会喜欢一种不这么糟糕的颜色，譬如可爱的深褐色（我觉得，在意大利语中，这个词表示'蓝色'）。或许，她还会发起一场关于粉红色的斗争，谴责这种颜色对这个世界造成的伤害。至少，她会让政府宣布男性扎粉红色领带的不合理性。"

第二章 粉红色综合征

阶段2：愤怒

"我要担心将来有男孩约我女儿出去，就已经够闹心的了，难道我还必须忍受粉红色？这实在是太没有天理了。话说，哪个浑蛋发明的粉红色？我打赌，一定是西蒙·考威尔①。因为那个家伙总是发明各种垃圾。"②③

阶段3：让步

"好吧。她可以在每周的一三五和隔周的周末穿粉红色的衣服。但是，在非粉红色日里，她必须穿蓝色牛仔裤和灰色连帽运动衫。当气温高于八十五华氏度的时候，这样厚的衣服穿起来会不舒服，这时她便可以将连帽运动衫改为T恤，只要那件T恤上面有我的照片，并且照片里的我拿着刀剑或者火箭筒这样的致命武器就行。"

阶段4：沮丧

"老天啊，你为什么这样讨厌我？"（控制不住地啜泣）"那是

---

① 西蒙·考威尔（Simon Cowell）：1959年出生于英国，音乐顾问，现代流行音乐的开创者，著名真人秀节目《美国偶像》的三大评委之一，以尖刻严厉的"毒舌"著称。——译者注
② 西蒙·考威尔：如果你正在读这本书：1) 我是一个追星族；2) 请谅解。你就当我什么都没说，并且，如果你要怪的话，就怪瑞安·西克莱斯特吧！
③ 瑞安·西克莱斯特（Ryan Seacrest）：《美国偶像》的主持人，其主持风格风趣幽默，广受欢迎，多次获得艾美奖。——译者注

色情照片吗？全部是X级的色情照片吗？我发誓，我只是想看上面的文字！"

阶段5：接受

"我觉得粉红色也不是那么糟糕，尤其是当它环绕在我女儿美丽的微笑的周围的时候。我想，我可以试着喜欢它。我还想，我也可以试着喜欢西蒙·考威尔的电视节目。没错！只要我能忍受粉红色，那么这个世界上就再也没有任何我无法忍受的事情了！"

当你通过"适应粉红色的五个阶段"之后，这场战斗才进行了一半。而剩下的一半就是服药。大量地服药。还有，偶尔回看一下《回到未来》①三部曲，也是不错的选择。

其他人都是色盲吗？

当你慢慢接受"粉红色必须是你最喜欢的颜色，别无他选"这个事实之后，你自己也会开始信奉这一点。你骄傲地把你的女儿带到赞助棒球队的杂货店或酒吧这样的地方，炫耀粉红色的她，就好像拥有一个女儿是值得庆祝的锦标赛战利品一样。

---

① 《回到未来》（*Back to the Future*）是一个美国科幻电影系列，共有三部，影片告诉人们，未来不是一成不变的，某种意义上说，是掌握在自己的手中的，每部电影在充满喜剧性的同时也有很深的寓意，发人深省。——译者注

第二章 粉红色综合征

你会收到很多回复，从"哦哦哦哦哦哦"到"天啊，好多粉红色！"到"说真的，领导，穿上裤子行吗？"①②③④然而，你会不断地听到这样一句评论，简直让你的脊背都发凉：

"你的小儿子实在是太可爱了！"

是的，是的，我……等等，你说什么？儿子？儿子?！你什么意思啊？这个小孩浑身上下都是粉红色的，就算你把她像香蕉一样剥开，她也依然是只独角兽。⑤除了这么说，我还能怎么做？我的妻子建议给她打耳洞，从而向他人彻底地证明，她是一个女孩。我觉得这个主意不好。打耳洞是约会的第一步。我在11%的时间里都准确的直觉告诉我，等女儿到了可以当总统的年龄之后，才能让她打耳洞。甚至那个时候打耳洞都有些为时尚早。

我经常冥思苦想，想弄明白人们为什么会这样容易将女婴误认作男婴。或许是因为她看起来比较有攻击性，也或许是因为她的头发比我还少（她才出生没多久，能长这么多头发已经不错了），不过，我的终极猜想是，人们习惯性地认为，所有的婴儿都是男孩。如果你碰到这样的

---

① 这种情况通常会发生在最初几周睡眠不足的时候，你会忘记一些基本的事情，例如穿上裤子或者当扬基队结束赛季后，将德瑞克·基特从你的梦幻棒球阵容中除去。老兄，你怎么了？说真的，你到底怎么回事？

② 扬基队（Yankees）：美国职业棒球队，至今已有一百多年的历史，该队在四十次美国职业棒球大联盟联赛中获得二十七次冠军。在美国所有的职业棒球队中，扬基队是唯一每个位置均有球员入选棒球名人堂的球队，与西班牙足球甲级联赛皇家马德里俱乐部一起被认为是世界最著名的体育俱乐部。——译者注

③ 德瑞克·基特（Derek Jeter）：美国职棒大联盟的选手，曾为纽约扬基队队长，守备位置为游击手。——译者注

④ 本书英文版出版于2013年，彼时，德瑞克·基特正式宣布，在2014秋季后退役。——编者注

⑤ 等等，独角兽是粉红色的吗？我也不知道。好吧，如果不是，那就换成其他粉红色的东西：镶着蕾丝边的芭蕾舞裙或者皮肤被晒红的早期阶段。

一个人，把你的女儿误认作儿子，你最好的回应便是不理睬，直接走开。

但是，在你走开之前，偷偷地在他们面前放一个非常臭的闷屁。相信我，这是他们应得的报应。

（你的妻子说）她不能只穿棒球球衣

在你的女儿出生之前，你唯一需要担心穿衣服问题的人是你自己（如果你生的是个儿子——而我不是——我想，你也不用为他的穿衣问题发愁，因为男孩天生就懂得一些生存技巧，比如打扮自己、打猎以及做"人浪"）。对于男人，给自己挑选要穿的衣服是非常简单的：拿起你找到的第一身衣服，不用理会它们是否搭配，你只要闻一闻，如果它们没有发臭，就可以穿上了！你永远都不会担心，自己穿的衣服不够好，因为你觉得自己拥有的一切都是最好的。实际上，我相信，如果我现在去看你的衣橱的话，那么我会找到你从高中就开始穿的运动球衣、牛仔裤和T恤的完美搭配以及你从高中就开始在T恤里面穿的长袖，还有一套带领的牛筋布衬衫——只有在上班、圣诞节以及你的妻子要求你"穿得（不那么）好一点"时，你才会穿上它。①

---

① 到底是我们谁在开玩笑，你心知肚明。你看起来一直都是（最）好的。

父亲守则

套装通常在颜色或设计上很搭配，这点很像棒球球衣。不过，它们有一个主要的缺陷：当你给你的女儿穿衣服时，你从她的衣帽间里拿出来的所有T恤、裤子和裙子，都没有明显的标识，哪面是前，哪面是后。有的时候衣服上会有扣子，你会觉得有扣子的一面是后面——但事实并非如此。通常它们都是在前面的。当然，你可以查看标签，可是标签就是在后面的。你还可以看一下上衣和下衣的标牌是否一样，从而确定二者是否为一套。可这样做实在太浪费时间了！这只能证明，给小女孩设计套装的人讨厌男性。有什么解决办法？准备好由于把你女儿的衣服穿反而道歉吧。

另一种变化

一旦有了女儿，事情会发生巨大的变化，主要是因为爸爸妈妈在如何打扮女儿方面持有完全不同的观点。爸爸们喜欢按照他们打扮自己的方式来打扮他们的女儿（比如随便抓起一件衣服穿，或者闻一闻没有味儿就可以穿，等等），而妈妈们更喜欢给女儿穿得整体搭配一些，比如"套装"什么的。为了避免你不清楚"套装"是什么（就像我一样），我把词典网上对于这个词的定义搬到这里：

套装：（名词）一般情况下，和谐搭配在一起穿在身上的一套服装。例句：春季新款套装。

看了这个定义，我还是不太明白，于是就让我的妻子解释一下，而她是这样定义的：

套装：（名词）与你挑选的东西完全相反的衣服，是为套装。

又是粉红色

当我的第一个女儿出生的时候，我完全不知道该如何给她穿衣服。她的衣柜里装满了各种各样的套装，而且都是粉红色的。我知道你在想什么：既然它们都是粉红色的，那么不就相当于它们互相之间都很搭配、你随便拿出几件都可以成为套装了吗？不！你这个笨蛋！你的妻子就是经常拿这样的事情在你背后跟她的闺蜜们说，你是多么缺乏常识的。

"说出来你们可能都不信，我的丈夫是怎么给我们的女儿穿一套粉红色的睡衣的：上身印着美国北部的动物，下身印着美国南部的动物！如果有人半夜来我家，进到我女儿的房间，看到她这身打扮在睡觉，那会多么尴尬啊！谢天谢地，幸亏还有我挽救她于她爸爸的这种残忍的错误中。"

无论你多么努力想要给你的女儿穿上一身合适的衣服，结果都会失败——并且是非常悲惨地失败。美国医疗组织甚至对这种混乱的情况进行了定义：给女儿穿衣服压力综合征。这种综合征在新爸爸之中尤为普遍，并且会不断地使我们觉得自己不适合当父亲。其症状包括（但不仅仅限于以下这些）：

- 失眠；
- 男性脱发；
- 肠胃胀气；
- 观看你最喜爱的体育比赛时，在电视广告期间错过关键进球；
- 忘记把垃圾带出去；
- 失去拼魔方的能力；
- 耳毛越来越多。

不幸的是，上述症状可能都会在你的身上出现，而且是同时出现。不幸中的万幸是，当你的女儿长到六个月大、自己会穿衣服了的时候，一切症状都会消失。但是，如果你像我一样，不断地让你的妻子怀孕而且不断地让她生女儿的话，那么，在接下来的很多很多年中，你都要遭受这种"给女儿穿衣服压力综合征"的困扰。到了那个时候，你的脱发问题基本没救了。更糟糕的是，脱落的头发会堵塞浴缸的下水管道，你必须得请昂贵的水管工上门才能解决。（问一下他们是否能给患有"给女儿穿衣服压力综合征"的人打个折——如果水管工也有女儿的话，他可能会同意。）

利用你所知道的一切

你是否还记得,在电影《功夫梦》(*The Karate Kid*)中,宫城先生(Mr. Miyagi)通过给汽车上蜡这种卑微的家务活教丹尼尔(Daniel)空手道动作的这个场景?①这使我不禁思考,是否我们的妈妈们也有这种先知灼见,通过各种无聊的家务活来教我们未来如何帮自己的女儿穿衣服呢?小时候,妈妈们总是逼我们做无数的家务活,而那时我觉得那些家务活全都毫无意义。现在我却开始反思,或许,那些家务活中隐藏着很伟大的秘诀?或许,冥冥之中,我们的妈妈在引导着宫城先生,教我们打败充满邪恶力量的眼镜蛇王?呃……我的意思是说,教我们学会如何成功地给女儿穿衣服,从而让自己的妻子感到满意?

我决定,我要好好思索一下小时候我的妈妈主要让我做的四种家务活,认真研究其中是否真的隐藏着这样的先贤智慧。

自己洗衣服

妈妈是怎么教我的:我上大学之后,第一次回家时,只在我的父母家停留了十一秒钟——把我的脏衣服递给我的妈妈。然而,我震惊地被告知,她不喜欢我这个充满善意的动作。(我觉得,这是体现我们母子

---

① 哥们儿,如果你听不懂我在说什么,那么,请立刻放下这本书,去离你最近的光盘店租这部电影的影碟。你一定要看一下这部电影。

连心的大好机会！）下一次我再回家，她便教我如何将衣服分成白色的和有色的两类以及如何使用洗衣机和烘干机（对我来说，这两件事都比手编网络程序要复杂多了）。之后，她教我如何正确地叠衣服。令我大为吃惊的是，其中竟然不包括直接把衣服扔在地板上。

此事暗含的空手道（给女儿穿衣服）初级秘诀：把衣服分开洗告诉我，鉴于我们与女儿之间的区别，作为爸爸，我们也需要将给自己穿衣服的方式与给女儿穿衣服的方式区分开。而洗衣机和烘干机本身便是一种隐喻，告诉我们，这将让我们如何难以接受。还有，叠衣服告诉我们，无论我们多么努力，最后，我们依然会本能地忽略我们所学到的大部分内容，将女儿的衣服直接堆在地板上——堆在我们自己衣服的旁边。

用吸尘器清理地毯

妈妈是怎么教我的：对于这项家务，我的妈妈教得十分仔细：用两只手将吸尘器牢牢握住，不能让它倒下，当脏物袋被填满时，一定要替换或者清空。

此事暗含的空手道（给女儿穿衣服）初级秘诀：我非常确定，换尿布（给女儿穿衣服的关键步骤）与使用吸尘器所需遵守的准则是一样的。倘若这也能教我如何防止女儿在我的衣袖上排便，那该多好。

洗盘子

妈妈是怎么教我的:一天,我的妈妈递给我一块海绵和一个盘子,教我如何在擦洗之前调配适当比例的洗涤液和水——要想清除附着在盘子上的厚厚的奶酪,这一步非常关键。(我们之所以要放那么多的奶酪,是为了掩盖所有蔬菜的怪味。)盘子洗完之后,还要擦干——打开一块干毛巾布,用它轻轻地拍打盘子,这样才能使它不留水印地变干。

此事暗含的空手道(给女儿穿衣服)初级秘诀:在给女儿穿衣服之前,你一定要在她的身上抹一层婴儿乳液,从而避免出现某些医学小事故,比如她"皮肤脱水"或者"散发异味"。学习怎样洗盘子教会我如何给我的宝贝女儿们擦拭适量的乳液,从而最大限度地保养她们的皮肤。而且,有需要的时候,这个宝贵的经验还能助你轻而易举地弄掉她身上沾的乳酪。

挑选衣服

妈妈是怎么教我的:当我长到一定年龄的时候,我的妈妈要求我自己挑选衣服,并在需要穿的前一天晚上,把它们放在我的床边。这件事我每天都能做得非常好。只不过,我上的是天主教学校,一周七天中有五天都要穿天主教学校的制服。

此事暗含的空手道(给女儿穿衣服)初级秘诀:只买制服就行了。那种男孩子的制服。这样便能永远避免在给女儿穿衣服时感到困惑或者搭配错误了。这样做还有一个好处,那就是可以使我们的女儿看起来很顽皮,从而降低她们做各种蠢事的可能,比如学芭蕾舞或者跟某个男生约会。

在得出这些结论之后,我感觉自己的妈妈简直就是个天才,早早地就教了我在将来拥有女儿时所需要的一切有用的技巧。不过,我不得不承认,虽然我的妈妈尽其所能来教我,但我却基本什么都没有学会。

给女儿穿衣服需要一种打分制度

如果给女儿穿衣服像运动一样,有一种打分制度,使我们可以记录自己的进步,更重要的是使各位爸爸之间能够互相竞争;那么,我们一定会变得善于此事的。在这种制度下,下列情况都是打分选项:

1分项:

• 换尿布;

• 尿布的正反方向弄对;

• 记得把三个纽扣都扣紧;

• 把她的袜子穿上。

2分项:

• 挑选适合她的衣服;

• 用T恤的头孔去套她的头,而不是用T恤的胳膊孔去套她的头。

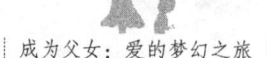

3分项：

- 挑选出一套搭配的套装；
- 搭配的套装中不包括一件运动衫。

10分项：

- 选择适合当天天气的衣服（此分项完全来自我的妻子的建议）。

之后，就像《功夫梦》中的结尾一样，我们最后也要有一个比赛：全国各地得分最高的爸爸们要进行竞争，比比谁最会给女儿穿衣服，而妈妈们则可以作为裁判，根据我们所体现出的水平，来给我们发不同颜色的腰带作为奖品。这个比赛的终极胜出者能够得到一份很酷的奖品，例如一个由我们最喜爱的球星签了名的棒球、一个月不用给女儿换尿布或者这本书！那一定会是非常光荣的事情！

然而，世界上根本就没有给女儿穿衣服的竞争，也没有打分制度，更没有能够让我们在释放我们原始求胜本能的同时更加完善作为爸爸的自己的极好的比赛。我们不得不承认，在这个竞技场中，我们完全没有任何机会来提升自己的技巧。所以，除非你的妈妈能够在每次轮到你给女儿穿衣服的时候现身帮忙，否则的话，你一定需要下面这份备忘单。

每个爸爸都一定要知道的给女儿穿衣服的十七项准则

当我最开始给我的大女儿穿衣服的时候，我心里还在想：给一个女孩穿衣服没什么难的，只要有牛仔裤搭配辛辛那提红人运动衫，不就可以了嘛！

我曾经问过我的爸爸——一个自称有智慧的男人，他以前是怎么给我的妹妹穿衣服的呢？他思考了几分钟，然后用那种我从小到大这么多年以来早就习以为常的权威性的口吻说："儿子，我只是遵循我给自己穿衣服的两项准则：其一，从脖子上的洞钻进去；其二，不能露屁股。"

两项准则。非常简单，非常好记，可以使人避免违反任何国家法律。我喜欢。

然而，对于给女儿穿衣服这件事，我的妻子却有十七条准则。它们十分复杂、令人困惑并且很吓人。（然而，我身边的所有女士却都非常推崇这些准则。）这些准则并非无中生有——虽然，对于所有正常的非女性人类而言，它们就是无中生有的。这些基本准则在很多个世纪之前就被起草了，之后被一代又一代的妻子/母亲进行了改编和完善。或许每个家庭之间都有些细节上的不同，但是每条准则的本质都是相同的。

说实话，十七条准则对于爸爸们来说，实在是太难记了。毕竟，爸爸们的大脑要记的东西太多了，比如：棒球统计资料、扑克牌里谁大谁小以及什么口味的冰沙最好吃（柠檬味的）。即使是爱因斯坦，也没办法记住他妻子制定的给女儿穿衣服的准则。如果连相对论之父都做不到这一点，又怎么能要求我们这种普通的爸爸（连相对论是什么意思都不知道）能够记住这么多的准则呢？

为了避免将来出现任何问题，我把这些准则都列在一份备忘单里，并藏在我每一个女儿的卧室梳妆台最高的抽屉里。每天早上我都会参考

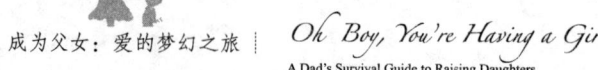

它们来给女儿挑选衣服,我建议你也这样做。自从我开始这样做之后,我和妻子便不再为衣服的问题争吵了,而是把省下来的宝贵时间用于争论《救命下课铃》(*Saved by the Bell*)中的插曲《我如此兴奋》(*I'm So Excited*)的社会价值问题了。(是的,其中的确存在一些社会价值问题。)

好了,言归正传。为了避免将来的一切麻烦,请认真学习下面的"每个爸爸都一定要知道的给女儿穿衣服的十七项准则":

1. 衣服需要搭配——颜色、款式以及"上面的小动物";
2. 尿布要放在连裤袜的下边,而不是上边;
3. 有番茄酱污点的衬衫并非"上面有一点红色";
4. 无论如何,横条纹衬衫不能搭配竖条纹的裤子;
5. 不能一年到头都只穿短裤;
6. 穿拖鞋不能穿袜子(这条准则同样适用于爸爸自己);
7. 碗不是帽子;
8. 裤子不是帽子;
9. 内裤不是……你懂的;
10. 亚当偷吃苹果之后,承认了自己原始的罪过,而他的第二个罪过便是在劳动节之后给他的女儿穿白色的衣服;
11. 兄弟姐妹之间穿彼此搭配的套装会显得很可爱,但爸爸和女儿一起穿麦格戴斯①的文化衫并不会;

---

① 麦格戴斯(Megadeth):一支成功的美国重金属乐队,在全球卖出超过两千万张专辑,连续制作出五张白金销量专辑以及获得七次格莱美奖的提名。——译者注

12. 从一套睡衣换到另一套睡衣，并不叫"给女儿穿衣服"；

13. 表带并非"套装的一部分"；

14. 如果周一给她穿了乔伊·沃托（Joey Votto）棒球运动衫的话，那么，接下来至少十个工作日都不能再给她穿这件衣服了；

15. 也不能给她穿你为了度过这十个工作日而给她买的另外十一件运动衫；

16. 难看的东西不能存在。你要是给你的女儿穿了难看的衣服，你也就别想存在了；

17. 还有，最后……如果你对上述准则都嗤之以鼻的话，随便你。

好了，备忘单就是这样了，每个爸爸都一定要拥有它。把它打印出来，藏在你女儿的204双袜子下面，像手机一样挂在屋顶，或者把它穿在（橄榄球的）四分卫用来记录比赛的叠层前臂带的其中一层上。总之，你要想尽一切办法，让这份备忘单尽可能地离你近一些，最好在家里的每一个房间里都放一份。它是这个宇宙上所存在的最有价值的资源之一（比什么相对论都要有价值多了），只要你能够认真地遵守上面的各项准则，那么，你不仅能够减少与你的妻子吵架的次数，而且还能减少她在她所有的女性朋友面前叫你"笨蛋"的次数。这将会是一个良性循环——她的女性朋友们越喜欢你，你对于她们而言就越有魅力；你对她们而言越有魅力，你对你的妻子就越有魅力。

想一想，你的女儿可能会在你的衣袖上排便。如果你的妻子觉得你有魅力，这个时候她会怎么做呢？所以，你一定需要上面这份备忘单。

第三章
你的社交生活
(愿它安息)

成为父女: 爱的梦幻之旅

当那些关于"你将不得不保护你的女儿，防止她受到像我们这样的家伙的伤害"的玩笑终于开始慢慢消失，他们又开始调侃起你的男子气概来。他们会问你，是否需要帮你取悦你的妻子。他们甚至会帮你买上面有小雨伞的水果饮料。

在你的妻子分娩之前，你很可能拥有一种健康的社交生活。或许，你可以在一整天忙碌的工作之后和同事一起去喝几杯、参加一下本地的棒球联赛或是早早地在你的日历上标注出美好的足球之夜。然而，如今，这一切都变了。毕竟，当你成为一位父亲之后，你便有了新的责任、新的时间约束以及新的经济目标（详见第十三章）。你还会发现，"通宵活动"这个术语还可以有一种完全不同的意思。

你的那些还未生娃的朋友们会尽量理解你。当你的女儿出生之后，你会收到非常多的"恭喜"和"表扬"，导致你都有些"吃不消"了。如果你生的是个儿子，可能还会有人给你递上一支雪茄；而如果你生的是个女儿，那么，你能看到的最好的现象就是，他们一个接着一个地摇头，意思是说，"哇哦，兄弟，这下你可有得忙了，尤其是等她长成大姑娘之后。"

当你还在努力应付她刚出生的那几个星期时，有人竟然已经开始想到她长大成人的时候了？他们是不是疯了？

| 成为父女：爱的梦幻之旅 | *Oh Boy, You're Having a Girl*
A Dad's Survival Guide to Raising Daughters |

在一开始的时候……

或许，你的朋友们会试图安慰你，通过送给你的女儿棒球手套和足球来让你知道，虽然从技术层面上讲，你生的是个女儿，但是，这并不意味着她不能喜欢你所热爱的比较男性化的运动。只不过，就像在之前的章节中提到过的，所有这些东西都是粉红色的。当然，你的女儿绝对不可能会喜欢一场剑战，也不可能跟你进行长胡子比赛①，但是，在未来的某一天，她一定会在《梦幻成真》②大结局的时候跟你哭诉。你的朋友们可能还会用英文字母的缩写来称呼她，比如"EJ"或者"AJ"什么的，使之听起来没有那么女性化，从而让你慢慢适应父女关系的过渡阶段，并且能够在安排梦幻球赛时间表的时候，陪伴在女儿的身边。

但是，当你因为女儿高烧98.7华氏度而不得不错过"三月疯狂"的首场比赛时，你的美梦就被惊醒了。当那些关于"你将不得不保护你的女儿，防止她受到像我们这样的家伙的伤害"的玩笑终于开始慢慢消失，他们又开始调侃起你的男子气概来。他们会问你，是否需要帮你取悦你的妻子。他们甚至会帮你买上面有小雨伞的水果饮料。（其实，你在私下里一直偷偷地喜欢这种东西，只不过不能承认，否则就真的会遭到羞辱了。）他们开始用各种阴阳怪调的语气叫你女儿的名字，从而表

---

① 如果她能够跟你进行长胡子比赛，那才可怕呢，非常可怕。
② 《梦幻成真》（*Field of Dreams*）：一部奇幻电影，讲述了一位艾奥瓦农夫受"神秘声音"引导在玉米田中建造棒球场的故事。对梦想的执着追求、对信念的无比忠贞、对往日纯真的怀念，在片中散发出引人入胜的魔力。影片暗示了对体育活动商业化的不满，用一种诗化的形式体现出梦的纯洁和追梦人的真挚。——译者注

明他们并不是很聪明。我最喜欢的部分是,当他们向你提及你妻子的婚前姓氏时,就好像这样说能把你吃了似的。

(这确实会把你给吃了的。)

不过,无论他们怎么称呼你,都无法与你不得不忍受的概念性谈话相提并论。他们的谈话是这样的:

所以,你是跟你的妻子跳了水平的曼波舞之后,才让她怀了一个女儿的?

请不要再用"水平的曼波舞"这个词组了。

你就不能搞定一个男孩,嗯?

搞定?

你那儿就没有任何男游泳运动员了,是吗?

我不想跟你继续聊下去了。

你自己好好想一想,你现在是不是真的非常女性化。我打赌,你现在肯定说不出任何一部阿诺德·施瓦辛格(Arnold Schwarzenegger)的电影。

《终结者》(*Terminator*)、《全面回忆》(*Total Recall*)、《过关斩将》(*The Running Man*)、《幼儿园特警》(*Kindergarten Cop*)……

你可能都不知道阿诺德·施瓦辛格是谁。

你会拼写"施瓦辛格"吗?

我打赌,你之所以生了一个女儿,是因为你看了《欢乐合唱团》(Glee)。

闭嘴。(《欢乐合唱团》超级好看!)

当他们开完这些玩笑之后,便会开始深入地探讨他们最近征服的女人、详述你的朋友们上周在拉斯维加斯举办的疯狂单身派对以及考虑他们这周六是否应该从上午十点睡到下午两点(真正的答案是下午四点)。接受现实吧:从现在开始,你的生活与他们不一样了。你曾经熟悉和热爱的社交生活结束了。

八种男子气概挑战赛

从某种意义上而言,你再也没有男子气概了。你会听到一个关于你错过的夜晚的史诗般故事,因为你那晚正在训练你的天使睡觉。你会满怀渴望地看着你那些朋友们的公寓,人家那里没有任何粉红色的东西。你会"咯咯作响"。这个时候,你就要与你的那些朋友挑战男性因子了。你不能让自己的男子气概那样被侮辱。你依然是一个男人,即使你现在已经是一位父亲了。当然,你不能因为一时兴起就飞去拉斯维加斯,也不能跟你的朋友们整个周末都泡在视频游戏比赛中,但是,这并不意味着你逊透了。①

此外，如果你不为自己辩护的话，你能为你的女儿列举哪些情况呢？你想要让她知道，你很强大，你可以保护她。当然，你通过喝大量的威士忌酒来掩盖自己因为哄孩子而缺觉的事实，你一直走来走去，与身边的一切决斗，包括你的妻子、你的母亲、街对面的孩子们以及街边的路灯柱。

当两个男人感到他们的男子气概受到挑战时，只有八个可以接受的方法能够帮助他们解决问题，即"八种男子气概挑战赛"（我专门总结了这些规则，来指导你怎么做）：

狂喝温啤酒

给你所有的朋友打电话，找到那个（总有那么一个）车库里放了一箱啤酒的人（谁也不知道这箱酒被他放在车库里多久了）。一个赛季又一个赛季过去了，寒来暑往，不断更迭。事到如今，那些啤酒已经被彻底遗忘了。把这箱温热的啤酒全部打开，一瓶一瓶喝下去。实际上，在这场男子气概挑战赛中，没有"真正的"赢家。但是，喝到最后一直保持站立状态并且没有呕吐的人，从技术上而言便赢了。

---

① 我并不在乎我们的妻子怎么说，视频游戏比赛一点儿也不逊。

| 成为父女：爱的梦幻之旅 | *Oh Boy, You're Having a Girl*
A Dad's Survival Guide to Raising Daughters

漆弹游戏

两位男性参赛者从相距一百英尺的地方开始比赛。其中一个人向另一个人投彩弹后，两个人相向各走一英尺；然后，另外一个人向对方投彩弹，两个人再相向各走一英尺，这样不断进行下去，直到两位参赛者离得足够近为止。身上的喷漆标志最多的人便输了。如果打成了平手，那么，两个人便站离十英尺的距离，数三下，然后开始互相往彼此的身上投彩弹，直到其中一个人投降为止。

烤肉走起！

大块的肉，两个烤架，一个赢家。目标只是通过牛肉和猪肉产品烤出世界上最美味的食物来。可以参赛的食物有：汉堡、牛排、热狗、小香肠、腊肠以及所有跟"肠"有关的东西，还有带骨猪排、猪肋骨和翅膀。记住：此项挑战规定，唯一允许使用的调味品是熏肉（不，这并不是排印错误）。事实将会证明，这项挑战在你其余的朋友当中将会是最受欢迎的，因为他们都将担任裁判。

《星球大战》冷知识

在原版的《星球大战》三部曲中，谁是可以使用光剑的唯一的非绝地武士呢？在哪种语言中，"维德（Vader）"表示"父亲"之意呢？如果你能回答很多类似这样的问题，那么，你或许就能在《星球大战》冷知识的比赛中坚持到底。最先正确回答出十个问题的人取得胜利。这或许是所有竞赛中最男性化的一种。不过，它应该也是你的妻子最不喜欢的一种①。

球场杀威棒

找到一台每小时至少能够投九十英里的自动投球机。如果你找不到，就贿赂工作人员给其中一台机器打气，直到它能够达到那个频率。每轮比赛中，每位参赛者都有十五次摆动的机会。最先与机器接合的人取得胜利（要用球拍，而不是你的身体）。头盔、杯子以及钢铁侠的身体，是我最强烈推荐的装备。

吧游奥运会

喜欢喝酒吗？喜欢撞球、飞镖和桌上足球吗？喜欢在你们当地的酒吧泡上数个小时之后衣服开始发臭的感觉吗？如果答案是肯定的，那么，吧游奥运会很适合你。将上面提到的运动分别玩一遍，并且每十五分钟喝一杯酒。三局两胜——或者站到最后的人取得胜利。

---

① 你的妻子不喜欢的事情还包括：向她展示你收集的牛仔短裤、在你的胸毛上刮出一个字母从而让你的朋友们能够从中看到你最喜欢的球队的名称、将美国国旗夹在腋窝下以及买一只雪貂。

力量展示

让你的所有朋友在纸上写下他们想要进行的身体挑战,然后将纸条都投进一个帽子里。可以写爬树,也可以写掰手腕,还可以写将巨石从一位朋友的后院里搬走,从而使其可以建造一个游泳池。(说真的,如果你的哪位愚蠢的朋友真的把这样的字条扔进了帽子里,那么,我允许你用胳膊肘戳他的股沟——也就是说,按照男子气概挑战赛的规程,你依然必须完成挑战。)你们每个人都可以从帽子中抽出一个挑战,然后逐一进行决斗。

剪草对抗

还有什么比修剪草坪来定输赢更好的方式呢?你们可以从三个维度进行评判:速度、精度、灵巧度。这场比赛最好的裁判便是你的父亲以及你的小伙伴的父亲。他们不仅在此方面有着最丰富的经验,而且评判起来也会非常严格。如果有人能在院落的草坪上修剪出某种造型或者你最喜欢的球队的标志图案,便可额外得分。

谁是赢家?

无论输赢,你都向你所有的朋友传递了这样一个信息:你不再容忍他们对你缺少社交生活所开的玩笑了。当然，他们会忽略这个信息，继续炮轰你，但是，通过此战，至少你会自我感觉好一些。

并且，通过参与这些挑战赛，你可以证明，你拥有足够的勇气和决心，既要坚决维护你自己，也要坚决维护你的女儿。这是成为一位伟大父亲的很重要的一步。还有，将来某一天，当你的女儿看上某个臭小子的时候，你这种全身上下充斥的男子气概也会帮你将他永远地吓跑。

拥有女儿的其他家伙

无论你感觉多么孤单，都请记住，你并不是一个人在战斗。你生命中的某个人，或许是高中的老同学，或许是棒球队的成员，也拥有一个女儿。你一定可以找到这样一个人。

比如，在棒球休息椅的末端，有一个队员并没有跟着大家一起嘲笑你，而这并非因为他比别人都善良，而是因为这位"绅士"是这个团队中除你之外唯一还拥有女儿的人。你将会注意到，他看起来很疲倦，而且比你记忆中的赛季开始时的他秃顶得更加严重了。这表明，他的老婆又怀孕了，而他之所以没有告诉任何人，是因为他知道，他老婆怀的又是一个女儿。当你最需要的时候，他可能并不会为你辩护，但是，他会静静地站在你的身边，给你一个拥抱。

父亲守则

实际上，拥有女儿的父亲们并不会互相拥抱——因为那样太尴尬了。但是，他们会进行一种秘密的握手——这种握手由公元300年的一个秘密部落发明，这个秘密部落叫作"贵族达拉斯"，这个部落里的人都有女儿，但是却不想让他们的野人朋友知道这一点。现在，我要告诉你们，这种秘密握手到底是怎样的：

双手高高举起，击掌，双手落下，攥拳，击拳，拍脑门，流下泪来。

这位队友一直盼望着能够有人加入自己的行列，而如今，他终于找到了你。从此以后，你要准备好每个周末都能受到他的邀请，问你和你的女儿是否愿意与他和他的女儿共度一个下午，你们两个大男人一起看着躺在地板上的两个孩子，其他什么事情都不做。毕竟，这才是你如今真正的社交生活。他可能会给你提供一些实际的建议，告诉你如何通过擦拭乳液来预防痱子，而当你很快意识到他指的并不是孩子时，会觉得很不舒服。

别因此而看不起他。毕竟，他经历了很多（要记住，他也在适应拥有一个女儿的事实）。如果有什么是你应该做的，那便是同情。因为将来或许有一天，当你也向别人提供这种乳液建议时，你同样需要别人这样对你。

向你学习的家伙

在你的众多朋友中,唯一剩下的没有太为你感到悲哀的人,便是那个正考虑要孩子的家伙。他已结婚多年,开始厌倦,但是,在没有充分调查清楚之前,他又不可能轻易地要孩子。所以,他希望你能够帮助他。当你宣布自己的老婆怀孕之后,他便开始密切关注,记录你生活中发生的一切——从你如何处理你老婆的晨吐到你如何处理她情绪上的变化到你每天洗澡的时间有多长①。为此,他创建了各种图表、矩阵、柱状图、饼状图、小饼图和南瓜派图。他会计算你的击球率和长打率整整九个月的时间,从而看出哪些月份成绩高、哪些月份成绩低,试图找出其中的关联。(能有什么关联?我表示完全不能理解。不过,这个家伙上大学的时候拿到了4.0的成绩,是你的朋友圈中公认的"聪明人",所以,我们大可安全地假设,无论他找出其中有什么关联,都会是相当无聊的。)

当你的宝贝出生之后,这个家伙还会继续观察你的举动好几个月,一周两次给你送食物。最好的部分是,他能够近距离地看到你与自己可爱的小女儿依偎在一起、亲吻她的脸颊并与她一起在沙发上打盹儿——那种感觉宛如置身于天堂。于是,他做出决定:绝对不要孩子!

---

① 不可否认的是,这点让我觉得非常诡异。

胡闹是游戏的一部分

最后,你会感激你的这些朋友以及他们的玩笑;当你搞不定时,他们会在你最需要的时候报到[①]。好吧,或许不是你最需要他们的时候。我的意思是说,他们不会在恰当的时刻出现,帮你换下女儿的脏尿布,也不会在深夜里你的女儿哭闹的声音令你受到邻居指摘时,帮你安抚住她。不过,坦白而言,如果是他们遇到这些状况,你能去帮忙吗?哦……你能?呃……你打断我的思路了。

实际上,最关键的是,他们能够在任何时间把你从家里带到酒吧,请你喝一杯啤酒——如果他们心情好,可能还会请你喝两杯。并且,他们会比对他们自己的妈妈更好地对待你的女儿。还有,从她来到这个世界上的第一天开始,他们便非常欢迎她,把她当成这个团队中的一部分。

这是因为,无论在任何情况下,他们都是你所认识的最棒的家伙。在你的整个生命过程中,他们会一直陪伴左右,并且在任何你需要的时候帮助你,即使是——不,尤其是当你有了一个女儿之后。

虽然,这一切也可能只是因为,这个团队中的女孩太少了,他们需要与你保持友好的关系,这样他们便可以在你的女儿长到可以握住球拍的年龄时,说服你让她加入他们。无论怎样,你都可以偷着笑了,因为拥有一个女儿是一件无比幸运的事情。

[①] 我这句话押韵吗?我并不是刻意为之,但既然如此,你现在可以告诉你的妻子,你已经开始读诗了。女人们都喜欢这一点。(不客气。)

第四章
迪士尼会摧毁你的生活
(你要处理公主超载的问题)

Oh Boy, You're Having a Girl

A Dad's Survival Guide to Raising Daughters

成为父女: 爱的梦幻之旅

迪士尼会一次又一次地伤害你,但是,作为那个可爱的小姑娘的父亲,忍受这一切,打败这一切,尽你所能地指引她,是你的责任。让她知道,你希望未来的某一天她能找到一位王子,但是,她不需要一位王子来定义她自己。你喜欢她打扮成公主时的漂亮模样,也欣赏她化上恐怖的妆、像海盗那样说话的样子。

到目前为止，我想你已经完全认识到，每个人都在密谋反对你。你的家人、朋友甚至是你每周在教堂里见到的女士，都会告诉你，拥有两个女儿是一种怎样的人生体验——她们会使人放弃宗教生活，转入冲浪的无神事业。

教堂里的女士："你最好看住你的那些女儿，正确地抚养她们。否则的话，她们很有可能会陷入比冲浪更加糟糕的事情中。"

我："比如会计学吗？"

教堂里的女士："比如纵欲。"

我："我绝对不会让她们离开我的视线。永远不会。"

如果你想要让你的女儿成长得好，你就要求助于那个你最信任、最尊敬的人——这个人与你拥有相同的犹太教与基督教共有的价值观，并且，他想要给你的孩子们最好的一切。这个人便是沃尔特·迪士尼（Walt Disney）。

在你的女儿成长的最初几年，迪士尼是你的朋友。他会在你的"脸书"上给你留言，庆祝你的生日。他会转发你的标签，比如"爱上熏

成为父女：爱的梦幻之旅

肉有一百个理由"和"贾斯汀·汀布莱克①狗屁不如"。他会让你唱他的那些代表歌曲给你的女儿听，比如《当你向星星许愿》（When You Wish Upon a Star）和《今夜你能够感觉到爱？》（Can You Feel the Love Tonight?），从而使她在你的肩膀上睡着——而他完全不在乎你是否走调，是否一半的歌词都唱错了。

然而，最终，迪士尼会突然不理你了。他会在"脸书"上表示对你的不友好，还会告诉你的岳母大人，实际上，你并不喜欢她主动提供的教养建议。他发起的邪恶计划彻底控制了你的生活，将你置身于无穷无尽的（以及昂贵的）"断舍离"当中。这种现象通过几个简单的算式便能够解释——这些算式是由麻省理工学院的数学家们提出的，因为他们不仅拥有博士学位，他们还都拥有女儿：

女儿−迪士尼=闹情绪

父亲+（女儿−迪士尼）=无休无眠

无休无眠+父亲+（女儿−迪士尼）=糊涂蛋

（糊涂蛋+父亲）+（女儿−迪士尼）=大决战

大决战=医生的初始名字

因此：

父亲+女儿+迪士尼=开心快乐

---

① 贾斯汀·汀布莱克（Justin Timberlake），美国男歌手、演员、音乐制作人、主持人，前男子演唱组合"超级男孩"成员。——译者注

第四章 迪士尼会摧毁你的生活

（在学术界，这些算式通常被称作"迪士尼小矮人方程式"。）

根据这些非常复杂的数学计算，有一件事很明确：当你拥有一个女儿之后，迪士尼将会来敲你的门。如果你是一个爱惜生命的人，一定要给他开门。

迪士尼毁掉你的生活的第一个标志：公主、公主、更多的公主

从前，你的女儿虽然很小，但却充满了潜力。她可以做自己想做的任何事情，包括竞选总统，甚至更感人的，到职业棒球协会中打游击。然而，由于迪士尼，那些潜力都被扼杀了，取而代之的是她唯一的使命：找到一位王子。

在迪士尼电影出现在我们的生活中之前，我的女儿们一点儿也不关注男孩子。实际上，她们通常都会无视他们（一位父亲的梦想！）并与所有其他女孩聚集在一起做有意思的事情，比如跳房子或者永远用同一根马克笔在我家的沙发上画画。她们的梦想是成为艺术家、医生和木偶人，可是，当我们看了第一部迪士尼电影之后，一切都破碎了。

在迪士尼的电影中，所有的公主长大之后都并不想成为医生或者工程师。几乎每一部迪士尼电影的情节都是：公主被王子（或者是任何一个拥有王子特点的家伙，比如帅气）拯救，然后两人坠入爱河，最后结婚。简直就是胡说八道啊。而这样的电影情节会使我陷入与女儿这样的对话中：

爸爸?

怎么了,亲爱的?

我觉得我应该给自己找一位王子。

你不需要一位王子。

我需要!

相信我,你不需要。

但是灰姑娘就需要一位王子。

灰姑娘还跟老鼠讲话呢。如果你问我,那我会说,她有一两个螺丝松了。

但是我想要一位王子。

为什么?

拯救我!

拯救你什么?一座充满玩具的房子和一个让你吃太多冰激凌的妈妈?

不,不,我喜欢那些东西。我是想让王子把我从那些邪恶的人那里拯救出去。

你认识几个邪恶的人啊?

《灰姑娘》(*Cinderella*)中有一个邪恶的继母,《小美人鱼》(*The Little Mermaid*)中有一个邪恶的巫婆……

明白了。难道爸爸不能保护你吗?

不能。

为什么？

因为爸爸不是王子。

你怎么知道我不是王子？

因为我问过妈妈你是什么了。

妈妈怎么说？

她说你是"意大利人"。

请问，对于这样的逻辑，我要如何辩论？

迪士尼毁掉你的生活的第二个标志：万圣节不再可怕了

由于迪士尼，万圣节都变得不再可怕了。真的是这样。几乎每一个九岁以下的小女孩（包括你的女儿）都不会再选择装扮得很恐怖，比如扮成巫婆、鬼怪或者你的岳母，而是选择扮成一些甜美的、闪耀的角色，比如灰姑娘、睡美人、长发公主或者其他一千两百万个迪士尼公主中的任何一个。

我花了好几年的时间才意识到这个问题，所以，我希望你能够在把十一个箱子的万圣节装饰物和服装从地下室拖出来之前，看到这个信息。而且，你还需要再买十一个箱子，来储存你将来要购买的公主套装。

当我分别问我的女儿，对于即将到来的万圣节，她们都想要什么礼物时，我所得到的回答如下：

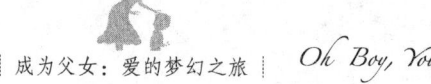

大女儿："白雪公主！"

二女儿："小仙女！"

三女儿："巴拉—额—盖普。"（在只有五个月大的她的世界中，这个词的意思是"小美人鱼"！）

在一年当中最恐怖的日子里，一个男孩是不可能选择当一位公主的。他一定会装扮得很吓人，脸上涂着东西，嘴里发出邪恶的笑声，然后不停地从沙发后面跳出来，大喊一声"哈"，每次都让你起一身的鸡皮疙瘩。然而，我的女儿们却穿着漂亮的裙子，戴着漂亮的项链、王冠，像彩虹一样"可怕"。照此状况发展下去，我想，在接下来的日子里，即使她们当中有人想要装扮成一个"拥抱"，我也不会感到惊讶。

现在，在你完全放弃这个节日之前，请先听我给你讲一个小故事。

我曾经试图跟迪士尼决斗，想要赢回万圣节。我的任务是，在我们的节日中增添一点恐怖的元素。于是，我举办了"恐怖面具制作家庭之夜"。我确信自己准备得很充分：牛皮纸购物袋、蜡笔、马克笔、图画用纸、烟斗通条、熏肉（用来饕餮）、颜料以及我能够在家里找到的一切不会让我的妻子吼骂我的东西。

我的计划是：向我的女儿们展示，装扮得很恐怖多么有意思，并准备去吓唬我的妻子。

我等到了一个她去镇上的夜晚（很有可能是去跟一个比我帅得多的家伙豪饮）[①]，然后开始行动。我把家具都清出去，将之前准备好的所

[①] 好吧，这显然不是真的，因为这个世界上不可能有比我更帅的人了。

有东西都放到客厅的地板上。我去招呼我的女儿们——她们正在讨论泡假茶的复杂性——让她们加入我。

"让我们来制作一些非常非常恐怖的面具,然后当妈妈回家的时候给她一个惊喜。谁愿意跟我一起?"

"我们愿意!"她们都大喊着表示赞成,除了最小的婴儿——她只是放了一个屁表示同意。

我让她们开始行动。我负责帮她们弄一切她们想要的东西。我负责剪眼窝。我负责剪大大的、恐怖的牙齿,贴到购物袋的前面。然而,艾拉,我四岁的大女儿,站到了我的面前。

"爸爸,我不想把那些牙齿贴到我的面具上。"

"好吧,那你想让我给你剪些什么东西呢?一个巨大的红舌头?或者一些脏脏的棕色牙齿?还是一个像被打过似的乌青眼珠呢?"

"你能用这种粉红色的图纸给我剪出一个甜美的笑脸吗?"

长时间的无语。

"亲爱的,那与我最开始设想的我们要做的东西不太一样……"

"还有,你能把这些紫色和粉红色的烟斗通条拧成胳膊和手的形状吗?我想在戴着面具的情况下,还能拥抱妈妈。"

又是长时间的无语。

"但是,你的目标不是在妈妈回到家的时候拥抱她,而是吓唬她。"

"别担心,爸爸,我们还是会大喊'哈'的!"

为此,她又多用了两个购物袋,把它们穿在脚上,并且把它们称作

她的"塑料拖鞋"。我想,这是对我的第一个打击。

所以,我开始寄希望于我两岁的二女儿,问她是否制作了一个恐怖的面具。

"爸爸,我的面具真的很可怕。"

"太好了!我太兴奋了!你面具上的那些红点是鲜血直流吗?"

"不是的爸爸,那些都是红心。在这个地方我想画一个独角兽。"

第二个打击。

我嫌弃地摇了摇头。这些女孩不仅很软弱,而且她们还在我的面前炫耀自己的软弱,就好像那是什么荣誉一样。除非你害怕的东西是粉红色或者你患有独角兽恐惧症,否则的话,你在我的家里将看不到任何一样恐怖的东西。(除非你把我的妻子现在还保留的"街头顽童"乐队组合的相册也算在其内。)

就在我觉得这整个夜晚彻底失败了的时候,我的妻子去参加"满城飘红活动"①回来了。我的被粉红色、紫色和爱心覆盖的怪物们快速地戴上她们的面具,躲在了沙发的后面。当我的妻子走进房间的时候,她们跳出来,大喊"哈"并爆发出笑声。我想,我的妻子确实有一点被吓到。只是,她并不是被三个女儿的面具吓到,而是被我们忘记收拾的满屋狼藉吓到。

第三个打击。

或许,此事我也可以怪到迪士尼的头上。

---

① "满城飘红活动"实际上是"在当地收容所帮忙"的委婉语,而"在当地收容所帮忙"实际上是"购物"的委婉语。

****

会引起你的妻子朝你吼叫的事情

- 给你的女儿起名"尚普"。
- 教你的女儿玩"拔手指"。
- 允许你的女儿将你的妻子手包里的东西扔得沙发上到处都是(并且不清理干净)。
- 使用尿布来端发烫的早餐小圆饼。
- 让你的女儿把脆谷乐吃到地板上。
- 使用运动中表示友好的拍屁股来庆祝你的女儿把某件事做得很好。
- 说服你的女儿,她妈妈的脚很臭。
- 让她观看任何奈特·沙马兰[①]的电影。

****

迪士尼毁掉你的生活的第三个标志:桌上游戏

作为一位父亲,要承担风险,也要教女儿一些生活的道理,例如:如何成为一名令人尊敬的赢家以及如何在失败的时候保持优雅。在我成长的过程中,我是通过跟我的父母玩桌上游戏来学到这些道理的。那是我最喜欢做的事情之一。游戏都包含什么并不重要,只要它拥有一块

[①] 奈特·沙马兰(Night Shyamalan):美籍印度裔导演、编剧、制作人,代表作有《灵异第六感》《精灵鼠小弟》等,曾多次获得金像奖和金球奖的提名。——译者注

木板或者一枚骰子或者一些卡片或者饥饿的河马即可。我会一直玩到我的父母催我回屋睡觉——直到躺在床上，我依然睡不着，甚至梦里都在玩桌游。我也会梦到艾丽西亚·希尔维斯通①。没错，就是这样。在梦中，我们两人会一直玩拼字游戏直到凌晨。这就叫作痴人说梦。

比赛的益处

我的妻子不是很喜欢玩游戏。幸运的是，我的女儿们都很喜欢。她们几个都在年纪很小的时候，就表现出了对游戏的浓厚兴趣。从躲猫猫、捉迷藏到"谁能首先用最大、最讨厌的噪音使妈妈抓狂"，她们都懂得公平竞争的诀窍。我的如意算盘是：只要我教会了我的女儿们如何掌控游戏，她们便会利用那些技巧去掌握生活中其他的事情，比如学校、棒球以及"最爱老爸"比赛。依我看，我越早开始教她们，就越有益。

不过，如今的游戏跟我们小时候玩的已经不太一样了。过去传统的木板已经被如今各种各样的公主所取代。并且，过去与你混在一起玩乐的小伙伴们，如今也都被换成了公主们。（是的，你的女儿和她的朋友们会先穿好漂亮的裙子，戴好漂亮的王冠，然后才坐在你的面前，跟你一起玩游戏。）

---

① 艾丽西亚·希尔维斯通（Alicia Silverstone）：美国影视演员，代表作有《两小无猜》《独领风骚》等。——译者注

第四章 迪士尼会摧毁你的生活

桌上游戏竟然也有它们？

是的，我的朋友们，迪士尼简直就是无孔不入，连桌上游戏里到处都有它们。

我来举个例子吧。在我的二女儿两岁生日的时候，一位家人送了我们一套"快艇骰子"游戏。"快艇骰子"是我非常热爱的一款游戏，我从小学二年级开始到高中整个时期，都在专注地玩这款游戏。掷骰子、预测在哪里下最小以减少整体的伤害以及在哪里能够得到最高分，这些技巧互相之间的结合，总是能够让我自然而然地感到兴奋。我的妈妈也非常喜欢这款游戏，不仅因为它能够教我数学，还因为它能够让我自己玩很久。玩这款游戏需要的卡片很少，随时随地我都能开始玩。

因此，当我的女儿拆开这份礼物的时候，我高兴得都跳起来了！

"我们是时候在家里玩一些桌上游戏了。"我说。

然而，当我更加细致地看这个游戏盒子的时候，我发现，这与我熟悉的"快艇骰子"已经完全不一样了。这是特别的"公主版快艇骰子"。它只有木板，而没有记分簿。给每位玩家发六张卡片，每张卡片上都印有不同的公主（想象一下，棒球卡片更小、更不好收集且后面没有数据统计）。骰子的六个面上也没有数字，取而代之的依然是迪士尼公主们的照片。你不再努力组合出"顺子"或者"满堂红"。你如今唯一的工作，就是在限定的三次掷骰子（或者任何你的女儿选择投掷的次

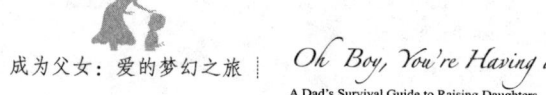

数）的过程中尽量掷出相同的公主来。此外，你会发现自己嘴里一直念叨着会让喜欢儿时版的"快艇骰子"游戏的你惊愕的话语：

四个睡美人？太好了！

五个阿拉丁的茉莉花？那是一个快艇（我觉得）！

不，亲爱的，你不能因为掷出的是你最爱的白雪公主，就一直保留着那枚骰子。

如果我想要看到那些卡片跳舞，就像它们在盛大舞会上一样，我们可以做到。但是，我真正想要的，是一直玩游戏。

你厌倦了这个游戏，想换一个别的玩？太好了！等等，你想玩迪士尼公主大富翁？

不行，我们不能往我们的房子上增加一座公主塔。

好吧，我也可以戴一顶公主王冠。不过，千万不要告诉你们的妈妈。

如此等等。从最开始的震惊到后来的麻木，你会开始做疯狂的事情，比如花很长时间在网络上搜索这款游戏的复古版——你小时候玩的那种，然后为它出了非常高的价。记住，这就像你在与其他也有女儿的爸爸比赛一样，他们也被迫只能玩公主版游戏。他们也跟你一样绝望，因此出价便越来越高。我并不是在试图打消你的念头。恰恰相反，我只是想要告诉你，只要最后能够买下这款复古版游戏，那么，你之前为此花费的大量时间和购买那些礼物所花费的大量金钱，都是值得的①。而且，通过这项额外工作所赚得的金钱，将来在你女儿的婚礼上，一定能够派上用场。（在后面的章节中我们会具体讨论这个问题。）

享受这些游戏的唯一方法就是要记住，从现在开始往后的若干年中，你的女儿会长大、结婚并拥有她自己的女儿，而你的外孙女也会想要玩这些迪士尼公主的游戏。这些游戏会一直不断永远重复下去。而这便是对那个娶你女儿的乡巴佬的绝佳惩罚。

父亲守则

当你拥有一个女儿之后，每个人（包括你自己的祖母）都会问你这个令人讨厌的问题："你什么时候带她去迪士尼乐园啊？"而对此正确的回答是："我要给你一拳。"当然，你只是说说而已，因为你不可能给你的祖母一拳（除非真的是她罪有应得），不过，如果你挥挥你的拳头，皱皱你的眉头，在说这句话的时候面目狰狞，那么，他们之后便会少问你几次的。

---

①我之所以这样说，并不是因为你的女儿会跟你一起玩游戏，而是因为她不会跟你一起玩，毕竟上面是没有公主的。这样做的价值在于，你可以把它挂到网上，作为一项福利卖给另外一位绝望的爸爸。最关键的是，一定要在圣诞节之后把它挂在网上——因为那个时候大部分的爸爸都处于刚刚跟他们的女儿玩完公主版游戏开始要发疯的状态。

为何你最终会原谅迪士尼

事实上，只要你爱你的女儿，关心她，教她如何恰当地脚前滑垒，你就是她的迪士尼王子。（对我来说，我就是女儿们的迪士尼意大利王子。）一直是，永远是。当她的膝盖摔破时，她会来找你；当她需要有人帮助她做数学作业时，她会来找你；当第一个男孩伤了她的心时，她会伏在你的肩膀上哭泣（而你会开始传出他患有皮肤病的谣言，以此开始对他的惩罚）。

迪士尼会一次又一次地伤害你，但是，作为那个可爱的小姑娘的父亲，忍受这一切，打败这一切，尽你所能地指引她，是你的责任。让她知道，你希望未来的某一天她能找到一位王子（当然，在她长到三十岁并且得到你的许可之后），但是，她不需要一位王子来定义她自己。你喜欢她打扮成公主时的漂亮模样，也欣赏她化上恐怖的妆、像海盗那样说话的样子。你会永远陪她一起玩游戏，即使那意味着五个白雪公主是一个快艇。

最后，我们要感谢迪士尼为我们的女儿创造了这么多美好的童年回忆。迪士尼也要感谢我们。因为我们将年收入中的89.6%都花在了它的身上，也因为我们的女儿希望迪士尼能够开启一个新的时代，创造出坚强、自信、勇敢的王子来。

尽管迪士尼很可能让这些王子穿塑料拖鞋，那我也不会抱怨。

第五章
朵拉年

（加油，韦曼诺斯！）

Oh Boy, You're Having a Girl

A Dad's Survival Guide to Raising Daughters

成为父女:爱的梦幻之旅

　　对于某些人来说,接受朵拉是很困难的事情。毕竟,不是每个讨厌西兰花的人都能强迫自己接受它的味道。不过,这本书的目的就是帮助你教养女儿,学会喜欢朵拉则是其中一项基本的技巧,你不能忽略。为了使你逐步适应,我发明了朵拉行酒令。

在她长到十八个月大之前,你的女儿会让你看电视上的任何内容。无论播放的是什么,她都会扭过头去,专注地看那些更无趣的东西,像是藏在沙发下不知道还要藏多久的布娃娃"奇诺",或是你堆积在角落里的大量脏衣服。实际上,她比你的妻子随和多了——她觉得每天最多只能看一次世界体育中心频道。当然,这是很荒唐的。我们都知道,一个人一天看世界体育中心频道的次数应该是不封顶的。不过倒是有一个最小限量,那就是至少要看十一次。

而在十八个月到两岁的这段时间,情况就变了。在美好的秋季赛周末,当你试图三十六个小时不间断地观看足球比赛时,她不再看别的方向了,并且,她不会再被"我要吃掉你的鼻子"的戏码所蒙骗,不会再觉得好玩儿、困惑(以及有一点儿恐惧)了,你再也没有充足的时间随心所欲地看第四季度的比赛了。她不会再专注于那个"奇诺",并且知道只要她打开厨房的门,就能吃到新鲜的食物[①]!她会阻止你的一切试图分散她注意力的行为,好像在突然之间就发展出了自从她出生你就一直在试图阻挠的东西:思想。

[①] 还记得你花了十块钱买了一个防止儿童打开的门把手保护器吗?安装上之后,全家当中只有你一个人打不开门了。这个钱花得真值,我的朋友。钱花得真值。

| 成为父女：爱的梦幻之旅 | *Oh Boy, You're Having a Girl*
A Dad's Survival Guide to Raising Daughters |

准备好跟爸爸一起看一些体育节目了吗？

朵拉！

什么？

朵拉！

我要吃掉你的鼻子！

朵拉！

但现在正在播（球赛）第九局啊……

朵拉！朵拉！朵拉！

你确定你不想看……

朵拉！朵拉！朵拉！朵拉！朵拉！

记住，这是一件很感人的事情，因为她会说的其他两个词是妈妈和狗狗，尽管她在提到这两者时，都会指着你。不过，嘿，她能正确地使用"朵拉"这个词了！只不过，悲剧的是，你统治电视的时代结束了。等你再次回归的时候，你喜欢的大部分运动员可能都退役了，而《辛普森一家》（*The Simpsons*）可能在福克斯上都播完了它的第五十八季了。

对此，你有两个选择：你可以将电视转到播放《爱探险的朵拉》的频道——你的女儿新的"永远最好的朋友"，也可以看着你的女儿直接将遥控器摔到你那五十英寸高清电视的正中央。一切取决于你。

明智地选择，选择朵拉。

第五章　朵拉年

你需要了解的朵拉

爱探险的朵拉是一个七岁的卡通人物，她善良、聪明、充满冒险精神（还精通两种语言）！她的身上集合了你希望自己的女儿拥有的一切优点，比如永远服从于她的父母，并且从来不跟她的爸爸要零花钱。她如此友好，以至于你的女儿在自己若干年的生日派对上都要邀请她，要求你买朵拉的盘子、杯子、气球、餐巾纸、包装纸、蛋糕、穿着朵拉的衣服的小马，等等。只要是派对上需要购买的东西，上边就必须要有朵拉的笑脸。如果某样东西上没有朵拉，那么这个生日派对就算是毁了。

为了让你对将来做好充分的准备，下面让我给你解释一下每集朵拉都是怎么制作的（很容易，因为每集的内容都一样）。朵拉和她最好的朋友，一只非常友好的、名字叫作"布茨（Boots）"的猴子（朵拉的父母允许这只猴子在他们家随意地吼叫，一点束缚都没有），每集都会被分配给一个任务，比如到图书馆归还一本书，或者拯救一个坐热气球旅行到外太空的人。（对于一个七岁的女孩来说，这一切听起来都是非常合理的，对吗？）

任务确定后，朵拉和布茨会号召他们的朋友，马普（Map），为他们展示行程路线。马普唱的一首歌，朗朗上口得让人讨厌，你会开始在洗澡的时候、在汽车里以及在与你老板一起开的重要工作会议中哼唱

它①。在旅途过程中，朵拉和布茨将会遇到两个障碍：有时是一座巨魔桥，有时是一片长满会说话大树的森林，有时是一个大湖，而湖的旁边恰好有船、桨和两件救生衣（并且恰好是他俩的尺寸的），多么幸运！

如果动画片导演忘记在湖边放救生衣了，那也没关系：朵拉还背着一个会说话、唱歌的背包，里面装着她完成任务所需要的所有工具。下雨了？背包里有雨鞋。布茨陷到令人讨厌的沙地中了？背包里有绳子，可以把他拉出来。想要来一场时空之旅？恐怕很难。即使背包也对此束手无策。

注意：你能想象他们为各位爸爸也制作出这样的一款背包吗？无论你在哪里，无论你在干什么，你只需要将手伸进背包，就能得到你需要的一切——就像一个归航装置，可以定位你找不到的遥控器，或者在你试图哄你的妻子高兴时，定位一张布拉德·皮特（Brad Pitt）的照片？如果你是一位发明家，你觉得自己能够创造出这样的东西来，请给我打电话。我们可以一起在市场上出售它，赚的钱平分。

朵拉和布茨通常会遇到的另一个问题是捣蛋狐狸斯维博（Swiper）——他总是会试图偷走他们的粪便。大多数时候，朵拉和布茨（还有你的女儿——当她长到可以讲话了的时候）都能通过严肃举起的手做出"禁止"的动作并念出那句有魔力的话语来阻止他，"斯维博，不许偷东西！"就是这样。不，我并没有在开玩笑。这句话拥有神

---

① 注意，如果他没有女儿，那么他会开除你；而如果他有女儿，他会跟你合唱。

奇的魔力，可以阻止那位狡猾的狐狸偷取任何东西，就像你的毛边短裤会阻止高中时期的女朋友当众跟你亲热一样。你能想象这种技巧在其他各行各业里奏效吗？

  嘿，嘿！小贼，不许偷东西！
  这个白人，不许跳舞！
  老婆，别花钱了！

  如果这些人在听到这样的话之后真的能够停下来，那将会是一件非常好的事情，但我觉得不太可能。嘲笑你都是好的，大部分情况下，他们会一枪毙了你。

  不过，有的时候，斯维博也会成功地偷到某样东西，但是，他不会带着战利品赶快逃跑，而是把它藏在大部分都很明显的树丛中。说真的，他的这种拙劣的藏东西的行为，要比朵拉找到各种东西更让你打哈欠。他就像是一个班级里欺负你的恶霸，抢走你的午餐钱，然后把它"藏"在你的卧室……你的床上……任何显而易见的地方。

  如果斯维博是在教我们的女儿不要偷东西，很好！但是，如果此处要教授的东西是如何阻止一个坏蛋的话，我会很担心我们的女儿变得不切实际——从而陷入大量的麻烦中。赶紧给她报名去学习跆拳道，以防严肃举起的手所做出的"禁止"动作以及那句有魔力的话语不起作用。

  在朵拉和布茨遇到斯维博，克服了他们遇到的障碍之后，他们就达到了他们最后的目的地并完成了他们的任务。每个人都在开心地庆祝。

当他们开始合唱《我们做到了》（*We Did It*）这首歌时，就意味着他们正式取得了胜利。那也是一首欢快的"神曲"，可以永远地停留在你的潜意识里。它是用英语和西班牙语混合而唱的，如果都翻译成汉语的话，大概是这样的效果：

我们做到了！我们做到了！耶！

我知道你不敢相信这一切，但是你的女儿真的很爱这个节目！（真的！真的！真的！）

很快我们就要播放广告了，然后你要给她买朵拉鞋了！（哦，耶！就是这样！接受吧！）

我们做到了！我们做到了！耶！

当这首歌终于欢快地唱完时，你就能伸一伸自己的腿脚，放松一下，将频道调回到娱乐体育节目了，对吧？错！当你的女儿在观看了二十二分钟她最爱的小探险家剧集之后，她已经筋疲力尽了，这时，她会再要求你给她读一本关于朵拉的故事书。兄弟，我要告诉你，不幸的是，书中的情节与电视节目中的完全一样。好像创作团队的思维枯竭了，决定唯一赚取更多金钱的方式便是将相同的故事重新讲一遍（只不过，整个过程会更加折磨各位父亲）。看完电视再读书，你会觉得自己都不想活了。真的，你根本无法相信，在看完那集令人痛苦的节目之后，你还要把它再现一遍。更糟糕的是，在读故事书的时候，你还要努力模仿电视节目中的声音。唯一好的一面是，你可以跟那些也拥有女儿的父亲朋友们说:"我觉得,朵拉变成白雪公主的故事书要比电视版的好多了。他们把第三个背包部分的情节给砍掉了,简直就是暴殄天物啊。不过,电视节目永远都不如图书好看的,对吧?"

我知道你在想什么:"我为什么要关注这些东西啊?"因为:如果你不先在精神上做好不断地、没完没了地观看相同剧集的准备,那么,到时候你的脑袋会爆炸的。相信我,真的会爆炸。出于多种原因,你的妻子会很不喜欢你的脑袋爆炸,而其中最重要的原因是,脑浆污渍是很难从沙发垫子上清除的。

为何小女孩都喜欢朵拉

爱探险的朵拉象征着每个小女孩都想要拥有的一切。她勇敢、有很多朋友,最重要的是,她能上电视。她常年都穿着短裤,除非她被要求成为一位公主——那时,她便会穿上最漂亮的礼服。她的父母允许她在整个世界(以及整个宇宙)随意地漫游,很少给她打电话"查岗"。(虽然我从来没有见过她有手机,但是很明显,她的背包里一定有。)她的朋友们是野蛮的、充满异国情调的动物,比如大蜥蜴和大红鸡——而且它们都会讲话!另外,在把每一集都看了大概四百五十遍之后,我能够确定的一点是:在爱探险的朵拉的生命中,她从来没有吃过任何蔬菜。

你可以完全按照自己的想法,尽量向你的女儿隐藏朵拉,但是她自己会找到的。可能是你的保姆让她看了一集节目,也可能是她的祖母给她买了一支朵拉牙刷,总之,她一定会遇到朵拉。一旦遇到,此后便一发不可收拾,处处都是朵拉了。

我曾经读到过一个故事,说在美国内布拉斯加州的平顶岩有一位父亲,他把自己家里的电视卖掉了,并恐吓镇上的人,如果他们继续这样频繁地在自己的女儿面前提及朵拉,他就把他们都"活埋"了。于是,整个镇子里的人都闭嘴了,而这位父亲的家里终于清静了两个月,没有朵拉了!(一项吉尼斯世界纪录!)然而,后来他的女儿还是在一个报刊亭的一本杂志上看到了朵拉的封面。这个小女孩立刻就认定,她和朵拉是好朋友。片刻之后,她的父亲将报刊亭的卖主"活埋"了。他因此被判无期徒刑,如今已经是他坐牢的第三十个年头了。

朵拉成为我家的主要产品已经很多年了。无论我多么努力地想要逃避她的那些探险经历,我都做不到。当我的大女儿刚刚长到足够成熟的年纪,开始觉得朵拉不太适合她时,我的二女儿又开始爱上朵拉,而这种情况之后在我的小女儿身上再次上演。我一直希望能有人造谣,说朵拉长大之后变成了一个邪恶的巫婆,并且在天黑之后会变成喷火龙,潜伏在小孩子们的衣橱里,在他们睡着之后吃掉他们。不幸的是,迄今为止并没有人造谣,而我的女儿们依然把朵拉视作可爱的小女孩,可以带她们探险,并且教她们西班牙语。

我觉得事情还可以更加糟糕——她还可以教她们法语。

第五章　朵拉年

父亲守则

如果你没有硬盘录像机，一定要去买一台，然后把你能找到的朵拉剧集全部录下来，以备不时之需，分散你女儿的注意力——比如在她用油腻的小手不停地摸索你的棒球卡藏品时，或者在她问你关于"性"的事情时。在上述情况下，你只要让她坐下来，按下"播放"键，就大功告成了。还有，为了确保你不会错过自己最喜爱的电视节目，比如《得州巡警》（*Walker Texas Ranger*）和《绝望的主妇》（*Desperate Housewives*）的重播，你要在你的车库里安装一台电视，并祈祷你的妻子不会发现（你偷看《绝望的主妇》，而非多买一台电视）。

在"朵拉年"中幸存下来

当该说的都说了、该做的也都做了之后，从"朵拉年"中幸存下来的最好方式，便是完全地拥抱它。我的妻子觉得我疯了——事实确认网站列为"大部分情况下属实"的一个判断。但实际情况是，一旦你接受了生活中的一些事实——你无法击中以每小时九十英里的速度行进的快球、美国甜蜜日确实存在以及你不比贾斯汀·汀布莱克更有吸引力（你们一样有吸引力）等等——那么，你就能更加享受所有的事情，比如：

曾经，朵拉简直都要烦死我了。她发出的声音就像钉子划过黑板的声音——假设黑板也会冲你喊叫，戳你的眼睛。在家里，我没有一天不

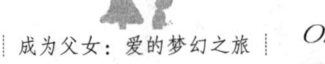

会看到朵拉那足球形状的脑袋在以各种方式晃来晃去——在电视、电脑、喝水杯或水果中（是的，她甚至连你的食物都不放过）。

然后我便决定，不再跟朵拉斗争，而是把她也当作我永远的好朋友。如今，每当可以与我的女儿们依偎在沙发上，一起看朵拉的电视节目时，我都会表现得很兴奋（实际上却偷偷打盹儿）。我把一张她的照片挂在了我办公室的墙上，挨着我女儿的照片，以此来提醒自己，人生苦短，没必要对一个卡通人物动怒。并且，如果你没办法打败它们，那就最好加入它们。这样做还有一个意料之外的好处——我的老板看到之后，觉得我有一点"不正常"，如今连开会都不叫我了（太好了！）。并且，每当我的妻子提议看一些差劲的电视节目时——比如那些除了棒球/篮球/足球/曲棍球/溜冰/《绝望的主妇》之外的节目，我就跟孩子们说："谁想看朵拉？"朵拉拯救了我，使我避免了大量低级的真人秀节目。为此，我将永怀感恩之心。

朵拉行酒令

对于某些人来说，接受朵拉是很困难的事情。毕竟，不是每个讨厌西兰花的人都能强迫自己接受它的味道。不过，这本书的目的就是帮助你教养女儿，学会喜欢朵拉则是其中一项基本的技巧，你不能忽略。为了使你逐步适应，我发明了朵拉行酒令。具体操作步骤如下：

- 从当地图书馆或你的硬盘录像机中搜寻一些朵拉的剧集；

- 把你的妻子和你的女儿（如果她已经出生了的话）送到你的岳父岳母家过夜；
- 准备一箱你最喜爱的啤酒①；
- 将所有的百叶窗关上，把门锁好；（相信我，你不会想要被任何人看到的。）
- 将所有易碎的物品挪开；
- 按下"全部播放"键。

每当一集新的朵拉开始播放下列内容，你就喝一口啤酒：

- 一个动物会说话；
- 需要计数；
- 马普重复路线来完成任务；
- 朵拉说西班牙语；
- 朵拉要求你重复她所说的内容；
- 朵拉让你"将它大声说出来"；
- 脾气暴躁的老巨魔出现（忽略他的裸体，专注于他性感的胡须）
- 朵拉唱"加油！韦曼诺斯！"
- 朵拉说"斯维博，不许偷窃！"
- 斯维博偷了一些东西；

---

① 如果你想要活过今夜，我建议你不要选择太浓烈的酒。

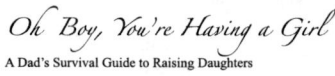

- 一项任务完成了；
- 朵拉说："没有你，我自己是无法完成的。"
- 朵拉和布茨尴尬地盯着屏幕，一边眨眼，一边等待着你告诉他们，你这一天中最喜爱的部分是什么。

如果你不喝酒，那也无须担心，因为：一旦朵拉进入你的生活之后，你会开始喝的！在最坏的情况下，你也就是一直用白水代替啤酒来玩这个行酒令，只不过其中的乐趣就要大打折扣了，并且还会增加你起夜的可能性。谢天谢地，有了啤酒之后，你就会把客厅的地板吐得到处都是，不必去洗手间了。呕吐与啤酒没什么太大的关系，更多的是因为你连续看了四个小时的朵拉①。不过，这是净化过程的一部分。一旦你把它全部发泄出去了，那么之后你便可以连续数个小时观看它了。你甚至会发现自己跟着朵拉的歌曲哼唱，跟自己的女儿一起讨论朵拉节目中哪个角色是你最喜爱的（正确答案是朵拉）。

我无法保证你能够彻底地爱上朵拉，但我能够保证，如果你学会忍受她，你便很快也成为你的女儿永远的好朋友。星期六的早上，当你走下楼，用鸭嘴杯喝着牛奶，看到你的女儿在盯着电视屏幕，每当朵拉出现她都会露出笑容时，你会觉得非常幸福。只不过，朵拉行酒令就不需要一直进行下去了，否则会天下大乱的。

---

① 这四个小时会给人一种永恒的感觉，就像你陪着你的妻子逛商场买衣服或者上高中的几何课一样。要坚强——一切都会结束的，我保证。

第六章
学会爱上喝茶
（小女孩的又一项社交活动）

Oh Boy, You're Having a Girl

A Dad's Survival Guide to Raising Daughters

成为父女：爱的梦幻之旅

无论在任何情况下，都绝对不能在茶杯中倒入真的茶。这点很重要，并且原因有很多，比如，如果你这样做了一次，那么之后你就每次都得这样做了；真的水印要比假的水印难清理得多；一旦那些杯子沾上了黏性物，那就永远都洗不掉了。除此之外，真的茶很难喝。

在你的女儿小的时候，在她收到的众多礼物中，一定会有一套茶具。这些茶具有粉红色的、有公主的，还有银制印花的——实际上，它们要比你的那套细瓷茶具①更有价值。不过，无论这些茶具多么精美，小姑娘们用它们泡出的假茶的味道都是一样的。那些假茶的种类包括：

- 单人茶
- 双人茶
- 双人泡泡茶
- 冷茶
- 热茶
- 草莓茶
- 巧克力茶
- 冰沙茶
- 咖啡茶
- 花水茶（这是我的女儿们最喜欢泡的茶的类型）

---

① "细瓷"指你的妻子让你取代Xbox放在婚礼签到台上的那些昂贵的盘子，它们也可以被称作"你从来都没用过的盘子"。

- 柠檬水（当茶叶用完了，她们就会泡这个）

喝茶派对很少是有计划性的，随时都可能发生，比如午餐之后，或者熬夜工作之后的清晨。它们可能只需要几分钟的时间，也可能会持续整个二月份。你家的任何一个房间都可以举办派对，不过，你的妻子更希望你们只在厨房里举办喝茶派对，因为她害怕那些假的渣物会掉到垫子上。

当我耐着性子参加完整个喝茶派对之后，我学到了一些非常有价值的事情：无论你本人多么具有大男子气概，当你的女儿为你奉上一杯假茶时，你都要喝掉它。就是这样。

茶具中都包括什么？

当她收到第一套茶具的时候，其中可能包括各种各样的东西。我们的这套茶具包括一个茶壶、一个糖罐、一个花瓶（里面还插着一朵塑料花——所以才有了花水茶）、四套餐具和两块饼干。很显然，茶具的制造者之所以不想包括四块饼干，是因为他们觉得那样会引发争吵。

"我想要一块饼干！"你的女儿说。

"我也想要一块饼干！"她的朋友说。

"我也要！"毛绒玩具兔子说——在此之前，它从未对任何事情发表过任何意见。

"你们不能共享所有的饼干吗？"一位明智、帅气的父亲（你）说。

第六章 学会爱上喝茶

"我们怎么共享饼干啊,爸爸?它们又不是真的!在你上班去当灭火北极熊训练员之前,赶紧把你的咖啡茶喝了吧。"

除非你有很多个喜欢折磨你的姐姐或者一个每周六都要来你家跟你共度"好阿姨/好侄子"时光的孤单的好阿姨,否则,你根本不可能会成为这个喝茶派对的一份子。因为你以为,喝茶派对只是小女孩们玩的东西。然而,你错了。喝茶派对也是拥有小女孩的父亲们要玩的东西。

所以,了解一切关于喝茶派对的知识,对你来说很重要,包括想要邀请谁来参加派对以及正确参加喝茶派对的十项准则。

让我先来给你示范一下,接下来的时光中你将会遭遇什么。偶尔,你可能会转移一下目光——或许因为这些信息对你来说太枯燥了,也或许因为你用余光瞟到了世界体育中心频道的精彩内容。不过,无论出于哪种原因,都请赶快恢复注意力。因为,你的生活可能会取决于这些东西。但也可能不会。

宾客名单

一旦你的女儿发现了喝茶派对,你便会永远出现在她的宾客名单中,而对此有一个很好的理由:你似乎一直都是坐着的,很方便参加,很不方便逃跑。偶尔你的妻子也会被邀请出席喝茶派对,但是,大部分时间里,她都会巧妙地躲开,假装自己忙着"洗衣服"或"做饭"或"给你买新衣服,这样你就不用继续穿那件你从高中时就开始穿的'涅槃'T恤了"。无论这些借口听起来多么虚假、多么让人难以相信(我

的意思是说,你迄今为止仍然穿着那件"涅槃"T恤),你的女儿却都会买账。

一旦确定你必须参加(你永远都要参加)之后,接下来便是挑选其他的参加者了。我发现,挑选宾客是整个过程中最有意思的部分之一。你的女儿是这个挑选委员会的主要成员,所以自然是由她来进行随心所欲的选择。

闲聊

宾客名单中包括朋友(不用到现场真的参加派对)、其他家庭成员(也不用到现场参加)、洋娃娃、毛绒玩具以及假想的朋友——至少你觉得他们是被想象出来的。我猜,在现实生活中,你的女儿真的有可能拥有一些名字很荒唐的朋友,像是"奇莫那""粉红沙丘""休"。

你要一个接着一个地会见这些"人物",通常还要假装跟他们聊天。这听起来很痛苦,但实际上,这也是喝茶派对中比较有意思的部分之一。

"奇莫那,你怎么会叫一个这样的名字呢?"

"你的父母都是马戏团的演员,而且能遇到外星人?真的吗?"

"你还有一个同胞兄弟,名字叫沙伯拉?"

"你还会瞬间移动?"

等等。我发现,这是一种练习即兴表演技巧的绝佳方式;我还发现,这也是对你的妻子发表攻击性言论的绝佳机会——如果她恰好站在能听到你说话的某个角落的话。

"你结婚了？多久了？"

"八年！这简直太疯狂了！那么，你多久唠叨你的丈夫一次呢？"

"你从来都不唠叨？我简直不能相信。即使他忘记了一些仆人的小任务，比如忘记按时将垃圾扔出去，或者忘记给你过纪念日了，也不唠叨他吗？你真是太好了。你还在他工作了一整天回到家很累的时候给他按摩？太让人难以置信了！"

"哇哦。我相信他肯定没有想过每天晚上都能享受足疗，不过我相信他一定会非常喜欢的。"

这个时候，你的女儿可能会开始听你聊天的内容，并注意到这样的事情："爸爸，不要再跟奇莫那说足疗这种愚蠢的事情了。还有，妈妈为什么把你的枕头放到沙发上了呢？"

假想的宾客拥有本质上的好处，比如永远都不会把家里弄乱、永远不会在家里待着不走、也永远不会指出你的草坪需要修剪了。这就是想象中的朋友通常都比现实中的朋友（比如说，你的岳母）更受欢迎的原因。而且，他们都很友好，很有礼貌，每当你有需要的时候，他们都会为你奉上假的甜点。

与毛绒玩具联系

有时，想象中的朋友和未到场的家庭成员会被洋娃娃和毛绒玩具代

替。这是你将自己的彼得·罗斯（Pete Rose）人偶混进来的绝佳机会①。十次中有九次，你的女儿会拒绝他②，而她的理由是，他是男孩，不能参加喝茶派对。（注意：出于某种原因，这项规章制度对你却不适用。而每当你问她为什么时，她的答案几乎都是："你不是男孩啊，你是爸爸！"）

除非你想给她上一节生物课，并准备好回答一系列的炮轰问题，否则我觉得你最好还是接受这个答案，继续"喝茶"吧。

父亲守则

无论在任何情况下，都绝对不能在茶杯中倒入真的茶。这点很重要，并且原因有很多，比如，如果你这样做了一次，那么之后你就每次都得这样做了；真的水印要比假的水印难清理得多；一旦那些杯子沾上了黏性物，那就永远都洗不掉了。除此之外，真的茶很难喝。

正确参加喝茶派对的十项准则

虽然随着一些因素的改变（谁被邀请、多少个公主的裙子是干净的、你的女儿是否睡了下午觉），喝茶派对会有一些兴衰变化，但是，

---

① 我的意思是，拜托，这个可怜的家伙已经被装箱扔在车库里好几年了。如果它都没有权利享用几杯美味的假茶，那么，我不知道谁还有这个权利！
② 就像经营职业棒球大联盟的那些冷血的混蛋不允许"拼命查理（Charlie Hustle）"先生在最大的棒球喝茶盛会——名人堂中拥有一席之位一样。

有一套准则是固定的,你必须要遵守它们,才能举办一场成功的喝茶派对。这些准则是很多年前由一位名叫莫西亚的先知女人制定的,她引领了以色列人出埃及,将红海分裂,然后来到了一个叫作西奈山的邪恶寒冷之地。在那里,她从最圣洁的玛莎·斯图尔特(Martha Stewart)那儿得到了正确参加喝茶派对的十项准则。她把它们雕刻在两块石头上,呈现给她的追随者们,然后以19.95美元(含税)的价格卖给了所有的零售商。谢天谢地,我只花了半价就买到了一份。

言归正传,正确参加喝茶派对的十项准则是:

1. 当你的女儿宣布喝茶派对开始的时候,你要放下手中的一切——遥控器、家务以及你的妻子坚持让你填写的《科兹摩》(*Cosmo*)杂志中的适合度测试——坐下准备喝茶。

2. 确保你的餐具包括所有必要的物件:茶杯、茶托、勺子。注意:如果你不能找到与你的其他餐具搭配的勺子(你永远都找不到),那么你可以从自己的烤箱底部的抽屉里拿出一个来代替,只要你为你的女主人也带回一块饼干即可。

3. 要把你的女儿端给你的茶喝得一滴不剩。别管是三杯还是一千一百杯,你都只有一个工作,就是把所有的假茶都喝掉。尽管喝就行了。

4. 你的茶里糖的数量取决于你的女儿想要给你的数量。口味和健康问题都不重要。

5. 无论茶壶洒了多少次,里面的茶永远都是满满的。

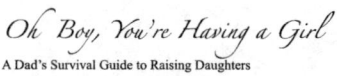

6. 要一直与其他的宾客互动，无论他们是真实的、毛绒的还是假想的。

7. 永远都不要质疑你的女主人的食物菜单，并且表示愿意尝试她提供给你的任何东西，即使那是冰激凌西兰花炖肉。

8. 永远都要穿着一件T恤，最好是与昨天的T恤闻起来不一样的①。

9. 偶尔也要让你的女主人晚睡一会儿，从而能够多给你倒几杯茶。而这最后几杯茶将会是你所喝过的茶中最美味的。

10. 每当你的女主人给你斟一次茶，都要赞扬一次她。这或许是这份清单中最重要的准则了。这也是会给你们带来最多笑容的准则——无论是你的脸上还是她的脸上。

如果你能够遵守上述所有准则，那么，你一定会为你的女儿留下美好的喝茶派对的记忆，对她而言，这种回忆将持续一生。不幸的是，对于孩子的世界而言，一生的时间也就只有短短的六个小时，因此，你很有可能要在一天之内至少参加四次喝茶派对。而这也是父亲们试图让他们的女儿爱上运动的第二个原因。第一个原因是芭蕾。

---

① 听起来像是把那件"涅槃"T恤撕碎的绝佳机会！

第六章　学会爱上喝茶

父亲守则

你是否知道，正确参加喝茶派对的十项准则并非所有拥有女儿的父亲们必须遵守的唯一一套准则？除此之外，还有给她买生日礼物的十项准则、教她热爱运动的十项准则以及如何让她在你忘记了对你妻子而言非常重要的某些事情时帮你"顶罪"的十项准则。

第七章
加时赛：该睡觉时不睡觉
（本来你以为，让老婆睡觉是最困难的）

Oh Boy, You're Having a Girl

A Dad's Survival Guide to Raising Daughters

成为父女：爱的梦幻之旅

你可爱的、甜美的、极富爱心的女儿会为太阳底下的一切进行祈祷——还有太阳上面的一切、太阳后面的一切、太阳里面的一切、与太阳有关的一切、与太阳无关的一切、与太阳分开的一切以及由太阳产生的一切。而这仅仅是在你们搬到月球上之前。

哈，睡觉时间。安静、闲适、父女之间沟通感情的时间。一首摇篮曲《晚安，月亮》（*Goodnight Moon*），额头上的轻轻一吻，关灯离开。对吗？

好吧，可以这么说。只不过，这也可能是一个大声的、混乱的、持久的过程，最终会使每个人都筋疲力尽、绝望透顶，并且……在崩溃中失眠。

临睡前的常规活动

睡觉之前通常都要伴随着就寝仪式，我是坚定的就寝仪式信仰者，即使对我自己也是如此（不信你可以去问我的妻子）。多年来，我一直遵守一个七步过程，该过程如下：

第一步：穿上一件我在大学时期就开始穿的俄亥俄州大学旧短裤（上面要有洞的那种，你懂的）。

第二步：跳到床上。

第三步：对我的妻子使眼色。

第四步：看我的妻子忽略我所使的眼色。

第五步：亲吻我的妻子的脸颊，让她知道我是认真的。

第六步：看我的妻子在她已经穿上的宽松长裤外边又套了一条裤子，从而让我知道，她也是认真的。

第七步：打开电视，调到世界体育中心频道，然后在他们谈论曲棍球的过程中，昏昏睡去。

让你的女儿进入就寝仪式会更加棘手一点。你可能会想得很简单：刷牙、拥抱、确认她的柜橱中没有怪物、打开长明灯，然后在她睡着之后离开。但事实并非如此。这个过程包括精心打造的仪式：个人卫生、故事书、摇篮曲以及你能够在任何地方携带自如的小隔间——让她可以睡三十分钟到十一个小时的地方。并且，这个就寝仪式还包括三个人，而并非两个，即：你、你的女儿和她的小布娃娃。这会检验你的父亲技巧，同时也会证明，你的女儿跟她的妈妈一样，从现在就开始表现出比你聪明了。

睡觉时间和小布娃娃

你女儿的小布娃娃不仅仅是一个夜间的朋友，她还是你们家庭中的一员。你的女儿跟她十分亲近。见鬼！这导致你也不得不跟她亲近——毕竟，她不仅出现在就寝仪式中，还出现在其他大部分事情中，包括喝茶派对、时装秀、乘车兜风、扑通派对（我最好还是不要深入地讨论这个话题,你只要记住,在一场扑通派对中,厕所里会有两声扑通:第一声是她的,这声会让你大声地欢呼;第二声是她的小布娃娃的脑袋的,这声会让你不那么大声地欢呼)等。对她而言,她的小布娃娃是如此重要,以至于她成为睡觉时间中不可或缺的一部分。你越早地接受这个事实,对你越好。

当我的大女儿长到两岁时,我们把她从一张小婴儿床上移到了一张大姑娘的床上(一张双人床),我们开始了一套新的常规活动:我们对妈妈道了晚安,亲吻她,然后爬楼梯到我们楼上的洗手间。我们会一起刷牙,并确保每颗牙都能刷到:上边、下边、左边、右边、舌头。吐口水。将从水槽中溅到地板上的口水擦干净。用擦手巾把脸擦干净。然后大步踏回床上[①]。我们会读一本故事书,然后按照她的喜好,我会给她唱一首歌,一般情况下,她不是让我唱《小蜘蛛》(*The Itsy Bitsy Spider*)就是让我唱《小查理的故事》(*Charles in Charge*)。(睡前可供选择的歌曲名单,我们在这个章节中之后还要讨论。)然后,我会给她一个吻,把她塞进被窝里,道一声"晚安",然后离开她的房间。

在这个常规活动进行了将近一周的时间之后,我的女儿把她的小布娃娃带到了洗手间里跟我们一起(此时此刻,鉴于之前提到的扑通派对,我必须要禁止这种行为)。

"嘿,亲爱的,你不能把她带到这里来。她必须待在洗手间的

[①]实际上,我们并没有大踏步走。真实的情况是:我要唠叨她、督促她、夹着她,最后把她扔倒在床上。如果我足够幸运,在我打开长明灯之后她没有立刻从床上坐起来,那么我便可以离开房间,再把我们之前走过的流程重来一遍。

外面。"

"但是，爸爸，她也要刷牙啊。"

"她刷牙？"

"对啊。"

"可是她的嘴巴都不会张开啊……"

"所以我必须要超级用力给她刷才行啊。"

我本来以为这是一件"昙花一现"之事，不过，即使事实并非如此，那又怎样？我能阻止布娃娃二号[①]参与适当的口腔卫生活动吗？毕竟它是你能够教一个孩子的最重要的技巧清单中第三重要的事情，仅排在紧急情况中拨打911和扔滑球之后。还有，我看到过我的女儿给她的布娃娃二号喂东西——牛奶、果汁、薯条、塑料蔬菜、运动鞋、遥控器、她在沙发垫上能够找到的一切、冰箱贴还有垃圾。布娃娃二号不应该有口臭。我的女儿也不应该——一直亲她的人[②]。

所以，我们三个人都刷了牙。上边、下边、左边、右边、舌头。吐口水。将从水槽中溅到地板上的口水擦干净。用擦手巾把脸擦干净。然后大踏步回到床上。我没有专门给布娃娃二号准备牙刷，所以就用了我妻子的。时至今日，我的妻子也不知道这件事[③]。

[①] 是的，布娃娃一号是她的正式的名字——我也不是很确定，为何我的女儿会给她起这个名字，但是，在我与众多朋友交流过之后，我发现，这是一个很普遍的现象：你的女儿有70%的可能性也会给她的布娃娃取名布娃娃一号，而另外30%的可能性则是法鲁拉•凡可爱女孩公主、托茨或者梅根。

[②] 不过，她或许也是罪有应得，谁让她给她的布娃娃喂垃圾呢！

[③] 等等，如果她看了这本书，那么，她就会发现这件事情了。糟糕！我希望我的编辑能够删掉这段内容，或者当她真的读到此处时，会因为被我帅到而分心，彻底忘了这件事。至少，我希望在这本书出版之后，我们已经买了一套不会导致脊椎侧凸的"丈夫友好型"沙发。

当我们上床之后，我会挑选一本故事书，读给我的女儿听。对于读书的细节，我记得不是太清楚了，不过，我可以肯定地说，我们读的不是《小火车做到了》（*The Little Engine That Could*），就是《戴帽子的猫》（*The Cat in the Hat*），或者是《比尔·詹姆斯的棒球历史摘要》（*The Bill James Historical Baseball Abstract*）。当我把书读完，去亲吻我的女儿，跟她道晚安时，她问："那么，布娃娃一号呢？"

"什么布娃娃一号？"

"难道你不给她读一本书吗？"

这听起来也不是毫无道理，所以我同意了。不过，布娃娃一号选择了书架里最长的一本书，这就有点儿不可理喻了。然而，我还是读了那本书，因为，非常坦白地讲，我涉世未深，容易受骗。

给布娃娃一号读完书之后，我让我的女儿挑选一首歌，然后为她唱完。当我准备起身离开时，她的话又来了。

"难道你不给布娃娃一号也唱一首歌吗？"

"不，亲爱的，布娃娃一号并不想也听一首歌。"

"可是，如果没有歌曲，她要怎么入睡呢？"

好问题。确实，没有歌曲的话，布娃娃一号要怎么入睡呢？还有，鉴于布娃娃一号的眼睛是画在她的脸上的并且永远都是睁开的，她又要怎么睡觉呢？可能是我错了，但是我觉得，假装认为这是布娃娃失眠的第一个原因，会让我很安全。那也是布娃娃令人毛骨悚然的原因。

"好吧，我想她也能选择一首歌。那么，她想要听什么呢？"

"《小查理的故事》怎么样？"

于是，我像一位百老汇歌手一样引吭高歌，不断地打着拍子，在需要的时候做变音处理，并且在其中加入了一些舞步，从而使其别有一番魅力。这可能是我对那个吸引人的电视节目的约会主题最好的诠释了。令人难以置信的是，布娃娃一号似乎并没有被打动。

最后，我终于能够亲吻一下我的女儿，然后把她塞进被子里。我知道她接下来会说什么，所以没等到她开口，我便赶紧也在布娃娃一号的额头上亲了一下，也把她紧紧地塞到被子里。

"爸爸，不要亲吻她的额头，要亲吻她的嘴唇。"

"亲嘴唇？"

"别担心，她刷过牙了。"

我的朋友们，我两岁的女儿就是这样让我和一个布娃娃亲热的。

《告示牌》排名前二十的父亲唱给女儿的睡前曲

拥有女儿的好处之一是，在挑选摇篮曲时，你可以从一个很长的清单中进行选择。而如果你生的是儿子的话，那么，你的可选项则只有凯特·斯蒂文斯（Cat Stevens）的《父与子》（*Father & Son*）和丹·佛伯格（Dan Fogelberg）的《乐队主唱》（*Leader of the Band*）了。（是的，我知道，即便如此，那也会非常精彩！）幸亏《告示牌》（*Billboard*）杂志统计了过去三十年来最受欢迎的父亲唱给女儿的睡前曲。而我会给你提供其中的前二十首。我不想按照名次来列出它们，而是把它们分成了三个子类别，从而使你们更容易记住。这些歌曲如下：

常用清单

1. 《一闪一闪亮晶晶》（*Twinkle, Twinkle, Little Star*）

2. 《小蜘蛛》

3. 《伦敦桥的倒塌》（*London Bridge Is Falling Down*）

4. 《哦，我亲爱的克莱门汀》（*Oh My Darling Clementine*）

5. 《玛丽有只小羔羊》（*Mary Had a Little Lamb*）

6. 《她要绕过山路来这里》（*She'll Be Comin' Round the Mountain*）

7. 《睡吧，孩子们》（*Rock a Bye Baby*）

8. 《当你向星星许愿》（*When You Wish Upon a Star*）

9. 《划船曲》（*Row, Row, Row Your Boat*）

主题曲清单

1. 《小查理的故事》

2. 《人人都知道你的名字》（*Where everybody Knows Your Name*）——欢笑。

3. 《门基乐队》（*The Monkees*）主题曲。

4. 《只要我们彼此拥有》（*As Long as We've Got Each Other*）——成长的烦恼。

5. 《无法停止的爱》（*Nothing's Gonna Stop Me Now*）——完美的陌

生人。

6. 《超越视觉》（*More Than Meets the Eye*）——变形金刚[①]。

混杂清单

1. 《带我去看棒球赛》（*Take Me Out to the Ballgame*）——让她与运动联结的经典歌曲。

2. 《带我去看棒球赛，家乡团队版》（*Take Me Out to the Ballgame, Hometown Team Edition*）——将"家庭队，加油，加油，加油"中的家庭队换成你的家乡队的名字，不过，如果你的家乡队是大超联赛，那就还用家庭队就行了。

3. 《无须知道的太多》（*Don't Know Much*）——爱伦·奈维尔（Aaron Neville）的声音宛如天籁。

4. 《我需要一个英雄》（*I Need a Hero*）——邦妮·泰勒（Bonnie Tyler）所唱，不过把主要的歌词改成了"父亲是我的英雄"。感觉非常自由。

5. 金属乐队（Metallica）所唱的一切。

记住这些歌，我保证，你的女儿不仅会跟你更亲密，而且，她还会要求以后都由她的妈妈哄她睡觉。

[①] 确保在唱这首歌的时候一定要弄出激光噪声来。

第七章 加时赛：该睡觉时不睡觉

睡前加时赛

并非所有的女儿都会跟一个布娃娃一起睡觉。比如说，我的二女儿就不关心她的娃娃（名叫托茨——英文发音与"双脚"相似）是否刷了牙，也不想让布娃娃跟她共享一张床①。不过，她同样会找到一种方式来拖延去上床睡觉的时间。如果你的女儿像她一样，那么，睡前时间就会像一场非常紧张激烈的棒球赛一样：

每个晚上都是比赛的最后关头，有两次出局，而你领先一分。你会尽自己最大的努力来结束这场比赛，然而，你的女儿却跟你势均力敌，她也会尽她最大的努力不断进入加时赛。你站在她的床边，不停地说"晚安"和"明天见"，而她的回应永远都是"再讲一个故事吧，求求你了"以及"我又想尿尿了"。这种对战将会持续几十分钟，直到最后体育馆里的灯（夜晚的灯）亮起，你只好结束这一切。

"就这样吧！太晚了！别再说话了，赶紧睡觉。晚安。"关上门。比赛结束。攥拳指向天空。得到你妻子的祝贺——像运动员一样，在你的屁股上一拍，示意你"干得不错"。

然而，一切并没有结束。事实上，一切才刚刚开始。当你正准备下楼的时候，你会听到从她的卧室里传来的柔软的声音：

"爸爸，我们忘记祷告了。"

---

① 她宣称，托茨可以霸占枕头——然而，我在夜间查看她们时发现，很显然，托茨只是努力保持不从床上掉下来而已——她永远都是挂在枕头上的。

全垒打！打平！

作为父亲，你可以拒绝女儿的很多事情，比如早饭吃冰激凌、打耳洞、注册推特账户、约会、穿那些万恶的分趾袜等等，但是，我们却不能拒绝她的祷告。见鬼！我想起在我小的时候，我的妈妈坐在我的床边，听我为我的家人、朋友以及辛辛那提红人赢得锦旗而进行祈祷。自从睡前仪式被发明以来，这便是一项要执行的传统，如今为何不能成为仪式的一部分呢？

我来告诉你为什么。因为你可爱的、甜美的、极富爱心的女儿会为太阳底下的一切进行祈祷——还有太阳上面的一切、太阳后面的一切、太阳里面的一切、与太阳有关的一切、与太阳无关的一切、与太阳分开的一切以及由太阳产生的一切。而这仅仅是在你们搬到月球上之前。如果她遇到了一个人，那么她便会为他祈祷。而且她还会为那个人的父母祈祷，无论她是否见过他们。有的时候，她还会快速插入一段为她的圆白菜布娃娃——希尔维亚的祈祷。坦白地说，鉴于希尔维亚被你的女儿在家里到处乱丢，她应该得到你女儿的祈祷。

当她开始谈论到无生命的物体时，距离她的睡觉时间已经过去一个小时了——你的睡觉时间也已经过了一个小时了。最后，你的妻子会像一个久经沙场的教练一样进来解救你。"宝贝，今天不用爸爸陪，对吗？"她会这样说。然后，在你的屁股上拍一下，示意你已经尽力了，然后放你去洗澡。

你能做的最好的事情就是为明天蓄力。那将会是另一个长夜。

第七章　加时赛：该睡觉时不睡觉

父亲守则

当你的女儿做噩梦之后，只有三种可行的处理方式：（1）让她到你的床上睡觉；（2）到她的床上跟她一起睡；（3）给她讲你在自己喜欢的足球联盟中选择卡森·帕尔默（Carson Palmer）而不是佩顿·曼宁（Peyton Manning）的时期，并且向她解释，你为何那样选择。这样做不仅会让她忘记她的噩梦，而且将来还会使她拒绝再做噩梦，从而避免再次听到这个故事。

如何让她睡觉

当你被所有的睡前仪式弄得筋疲力尽，而她也无计可施之后，这时终于可以让她睡觉了。这不是一个容易完成的任务。但是，既然鲁迪（Rudy）都能克服他身体上的缺点，成立圣母大学爱尔兰战士队，那么，你当然也能克服自己"缺少让她去睡觉的能力"。我不奢望你能在一夕之间战胜这个弱点，但是，通过一位疲惫的、有经验的父亲（我）的一点帮助，我相信你一定能够成功地哄你的女儿睡觉，并且还有足够的时间去和你的妻子亲热[①]。下面是让你的女儿（最终）去睡觉的五个步骤：

[①] 这件事持续的时间不应该超过半秒钟。

步骤1： 赞美她挑选的睡衣

通过告诉她你有多么喜欢她的睡衣来让她知道，她对这个夜晚掌握控制权，而她同样也可以做出赶快睡觉休息的明智决定。

步骤2： 让她知道，如果轮到你值班，你不会催促她睡觉

如果女儿信任你，她会更容易入睡。让她知道，你觉得"睡觉守则"是多么荒唐的一件事（并且明确告诉她，那些守则都是她的妈妈制定的），从而使她放松警惕，觉得你是和她站在一边的。

步骤3： 用你的双手温柔地为她梳理头发

这个平静的动作会终止她的"跳来跳去"以及"试图找到舒服的姿势"。同时，这样做还会给你一个机会，让你可以用另外一只闲着的手通过手机了解体育赛事的成绩。

步骤4： 说服她"休息一下眼睛"

告诉她，她不用非得睡觉，只要闭着眼睛躺在那里就行。你可以亲自示范给她看，不过我要提醒你的是：如果你真的睡着了，你的妻子是

不会叫醒你，把你从你女儿的床头柜上弄下来的。

步骤5：假装你要去蹲厕所，并告诉她，你蹲完就立刻回来

这是能够让你逃离她的房间的唯一正当的理由，因为：

• 你的女儿能够理解；

• 你蹲厕所的时间是不固定的，所以你的女儿也不知道你具体要什么时候才会回来。而当你过了几十分钟之后再回到她的房间时就会发现，她已经睡着了。

如果她还没有睡着的话，那么你要注意了：你的女儿有可能是僵尸。

睡前仪式的最好之处

无论是防止她的布娃娃患上牙龈炎、为她数周前结交的邻近地区的负鼠祈祷还是其他发生在你们家里的任何睡前仪式，你要知道，未来的某一天，你会想念这一切。深深地。你将会想念所有那些你与你的女儿相处的额外的短暂的时间，做各种各样她想做的蠢事，就是为了最后能够给她一个拥抱和亲吻，把她塞进被子里，听到她说那句将会永远融化你的心的话：

"我爱你，爸爸。"

这便是睡前仪式中的最好之处，它将帮你熬过任何夜晚，包括你的妻子穿两条宽松长裤的夜晚。

中场测试

　　书已过半，我想要确认一下，你是否记住了我告诉你的那些有价值的信息。我设计了一份包含十个问题的试卷来帮助你测量一下，你对于最近刚刚拥有或者即将拥有的父女关系认知有多深远了。我相信，你一定能够像我一样，掌握这些信息。还有，如果你不擅长进行测试的话，那也没关系——因为我也不擅长制作测试。

　　所以，别着急，一定要深思熟虑之后再作答。测试完毕后，我们会评判、打分，然后进入本书的下半部分。在下半部分中，我不仅会告诉你如何处理你女儿的情窦初开，还会揭露谁将是下一个超级碗赢家（我怎么知道？继续读就知道了）。

　　顺便说一下，所有正确答案都是D选项。

　　问题1：当你的女儿几岁时，你便可以让她打耳洞了？

　　A. 当她出生的时候。

　　B. 当她十岁的时候。

　　C. "永不"是选项之一吗？

D. 当她长大到可以竞选总统的时候。

问题2：你的妻子安排了家庭合影。她给你的女儿和她自己全身上下都穿了粉红色的衣服，也给你买了一件粉红色的衬衫和一条粉红色的领带。此时此刻，你应该：

A. 拒绝拍家庭合影，除非每个人都换上比较男性化的服装，比如橄榄球头盔。

B. 将粉红色的衬衫和领带焚烧来表明自己的态度。（当然，这样做会适得其反，当你看到你的妻子买这些东西的购物小票上的金额就会知道，它们都是不可退的。）

C. 把它们卖掉。

D. 穿上粉红色的衬衫，系上粉红色的领带，然后笑着拍照（但是私下痛哭）。

问题3：《爱探险的朵拉》与你最爱的球队比赛同时在电视上播出，此时此刻，你应该：

A. 假装你的女儿做错了某件事，让她回她自己的房间里反省。

B. 给你的妻子五百美元，让她带着你的女儿去疯狂购物。

C. 告诉你的女儿，朵拉已经死了。（我知道这听起来有些残酷，但是当你淡定地跟你的妻子解释时，她一定会理解和支持你的决定的：这是第七场了！）

D. 立刻买一台二手的平板电视，安装在客厅的另一边，这样一来，

你们便能同时看自己喜欢的节目了,并且还能蜷缩在同一个沙发上。

问题4:迪士尼冰上巡演来到了你们的镇上。此时此刻,你应该:

A. 假装你不知道这件事,即便到处都是关于它的广告。

B. 告诉你的女儿,你很想带她去看,但是你的公主礼服还在干洗店里,你没有衣服穿,所以没法去。

C. 对她撒谎,告诉她你们住的是另外一个镇子。

D. 立刻买票。别再自欺欺人了,迪士尼冰上巡演好极了。

问题5:你的妻子要提早离开参加一个工作会议,让你来给你们的女儿穿衣服。你问她要怎么做,她回答:"你给她穿什么都行。"实际上,她的意思是:

A. 无论你给她穿什么,都会很好。

B. 虽然你的妻子从来没有给你的女儿穿过棒球服,但是,她相信你的审美。如果你觉得棒球服适合你们的小女儿,那么她会完全支持你。

C. 还给她穿她昨天穿过的衣服,无论那件衣服多么臭。

D. 不要自己给她穿衣服。给你的妈妈打电话,请她来帮忙。

问题6:在学习了正确参加喝茶派对的十项准则之后,你知道一位父亲的身体能够消化的假茶的数量是:

A. 十杯。

B. 二十杯。

C. 五十杯。

D. 你的女儿给你端来多少杯，你便喝下多少杯。（注意：她强迫你喝下那么多假茶并不会困扰你，半夜起来假装尿尿才会。）

问题7：你的一位朋友没完没了地拿你生了一个女儿这件事开玩笑，而你决定跟他进行烤肉比赛！在比赛的过程中，你的手严重烧伤了。此时此刻，你会：

A. 承认自己失败了，让朋友赶紧送你去急诊室。

B. 跟你的朋友宣布"中场休息"，这样你就能去包扎伤口了。

C. 假装你的电话响了。谎称是你的妻子打来的，家里有急事需要你回去处理。（确保你的理由一定要真实可信，比如：你家着火了，或者你的妻子急切地想要跟你亲热。）

D. 用熏肉包裹住你的手来止痛。

问题8：你正在打垒球，旁边有个女孩越界了。如果是在过去，你会直接朝着她继续打，（毕竟，越界的不是你！）但是如今，你已经有女儿了，你会：

A. 礼貌地请她挪开。

B. 让她触杀你。

C. 努力扇动你的胳膊，冲她飞过去，落到安全的地方。

D. 依然继续打球（毕竟，是她越界了）。

问题9：当你的女儿看到一位大超联赛的粉丝时，你要教她怎么做呢？

A. 残忍地"嘘"他。

B. 残忍地"嘘"他。

C. 残忍地"嘘"他。

D. 上述全部。

问题10：如果要给本书的作者打分，从一分到十分，你会如何打分呢？

A. 他长得一般，六分吧。

B. 不好意思，长官。我不喜欢对别人的外貌品头论足。我觉得那样太肤浅了。

C. 一个一连生了三个女儿的家伙，一定有办法把她们团结在一起。

D. 他是十一分。

第八章
意想不到的女儿提问
（以及如何回答它们）

Oh Boy, You're Having a Girl

A Dad's Survival Guide to Raising Daughters

成为父女：爱的梦幻之旅

> 我知道，你最终还会遇到各种各样这个部分没有提到的难题。它们会让你不知如何回答。如果你真的觉得很窘迫，那么，你只要记住：你有车，有驾照，你家附近有游乐场。荡秋千、玩滑梯、从猴架上摔下来，这些很快就会让你的女儿忘记她之前所问的任何问题。

从我的大女儿出生之后，我便开始准备回答每位拥有女儿的父亲最终都要被迫回答的那些问题。你知道，那些问题会考验你们为人父母的能力。如果你和我一样，对于所有事实都有过目不忘的能力，那么，你便可以通过诚实且有尊严的答案来满足你的女儿对知识的渴望。

女儿："爸爸，小宝宝是从哪里来的呢？"

我："很简单——他用他的父母藏在门垫下面的钥匙打开了前门。如果他的父母忘记藏钥匙了，他就会用鲁道夫的鹿角把门撬开。"

女儿："爸爸，人们为什么会喜欢《真实主妇》（*The Real Housewives*）呢？"

我："没有人知道为什么。"

如此等等。用你的女儿能够理解的方式来真诚地回答这些问题是父亲的职责，不过，总有一天，你的女儿会发现，你的这些"诚实且有尊严"的答案不过都是"谎言"，因此，如今在回答的时候你可要保证，未来不会让自己惹祸上身哦！当然，到了那个时候，你需要回答的问题便是：

"你为什么要撒谎？"——对于这个问题，正确答案则是："你被禁足了。"

曲棍球

无论你多么努力地准备回答这些由来已久的问题，你的可爱的小天使最终都会把球再打回给你。下面，我就用我和我的大女儿在家里的一次真实对话来证明这一点：

女儿："爸爸，你的乳房在哪里呢？"

（是的，她的确是这么问的。像所有睿智、考虑周到的父亲一样，我假装没有听到这个问题，快速转移话题，谈论一些不会惹我的妻子生气的事情。）

我："女儿，你现在已经三岁了，对吧？我正在想，我们是时候给你买一匹小马了。"

女儿："爸爸，我问的是，你的乳房在哪里？"

对于这样的情况，每位父亲都有以下两个选项：
1. 说实话
2. 装中风

不幸的是，我的女儿误解了我的中风，她还以为我是在打喷嚏（我高中的戏剧老师一定会对我感到非常失望）。所以，我只能硬着头皮说实话了，于是便有了下面这个对话：

我："好吧，亲爱的，我没有乳房。"

女儿："你为什么没有乳房呢？"

我："因为我是一个男孩。"

女儿："男孩就都没有乳房？"

我："对，男孩都没有乳房。"

女儿："可是妈妈有乳房啊。"

我："她不是男孩，她是女孩。"

女儿："所以，只有女孩才有乳房？"

我："是的，只有女孩才有乳房。你能不能不要再说'乳房'这两个字了？"

女儿："我没有乳房。那是不是说，我是一个男孩？"

我："不，你是一个女孩。"

女儿："那我的乳房在哪里？"

我："你现在还没有。等你长到一定的年纪才会有。"

女儿："什么时候？"

我："当你更大些。比现在大很多的时候。"

女儿："当我有了乳房时，我要怎么发现呢？"

我："当我开始在咱家附近随身携带棒球拍的时候。"

女儿："这是不是说，当你年纪更大些时，你也会有乳房？"

我:"我希望不会。"

女儿:"或许你可以向圣诞老人索要一些乳房?"

我:"好吧。我已经跟他要过很多次了。"

女儿:"我也可以帮你跟他要。"

我:"你不必那样做。"

女儿:"没关系。我把小马从我的愿望清单中划去,就可以帮你跟圣诞老人要乳房了。"

我希望我能告诉你,这是你的女儿向你提出的唯一你觉得很难回答的问题,可惜事与愿违。女儿们都格外聪明(对此我责怪她们的母亲)。她们会潜入你的灵魂深处,搜寻那些最让你感到苦恼的问题。并且,她们永远都不会考虑这将会使你多么难受。相反,她们会在她们觉得合适的时候一连串地向你提问(吃早饭的时候、开车去爷爷家的时候、在你的酒友们面前的时候,等等)。不过,百分之百能够确定的唯一的事情是:她会在你的妻子不在身边帮忙回答的时候提问。

父亲守则

如果你的女儿提出大量的问题,你要把这当作一种好的现象。当然,在她小的时候,你会为她的问题感到抓狂,但是,从长久角度来看,当她长大时,你便会得到回报。因为,形成向你提问的习惯之后,

第八章　意想不到的女儿提问

到时候她会问你这样的问题："我需要长到多大才能结婚呢？"① "你看到我的卫生巾了吗？"②

如今，虽然我不能对那些很难回答的问题给出完美的答案，但是，我也不是一个菜鸟了。经过一次又一次的磨炼之后，如今我给出的答案不仅能够满足我女儿对知识的渴望，而且也不会让我不断地掏腰包买小马了。当初，我不擅长换尿布，而如今，我的妻子会跟他人吹嘘我做得"还不错"。我觉得，当回答这些问题时，也说"还不错"，便是一种安全的选择③。

为了拯救你于水火之中，我列出了一份你的女儿最常问的你意想不到的问题清单，并给出了每个问题的正确答案和错误答案。错误答案会帮助你理解，你的直觉会告诉你该如何回答，而你的直觉（你自己很清楚）通常情况下都会给出错误的答案④。

阅读它们，练习它们。把它们都记在脑海里。无论你做什么，都不要脱离答案太远。我花了数年的时间来精炼这些答案，因为，只要你的措辞稍有偏差，就会导致她做出一个让你不堪设想的举动：提出另一个问题。

---

① 正确答案是：十年之后再问我。
② 正确答案是：那是你喜欢的球队的名称吗？
③ 在拥有女儿的父亲的成绩单上，"还不错"相当于B。而如果你把它写出来的话，那就没有任何意义了。
④ 你不相信自己的直觉一直都是错误的？那你不妨想想这个：曾经有多少次，当你看到你的妻子爬过你那在地板上堆积成山的衣服，上床之后用枕头砌成一堵墙，把你和她分隔在两边的时候，你会想："我觉得她是在给我暗示，让我跟她亲热！"这就是你的直觉。简直就是一个傻瓜。（但是，我的直觉说，即便如此，依然值得一试。）

121

爸爸，你为什么不坐着尿尿呢？

错误答案："因为如果我坐着尿尿，我很可能就会开始玩填字游戏。你知道的，我非常喜欢玩填字游戏，一玩就会忘记时间，所以坐在那里的时间会比应该的长久。而当我起身的时候，就到了睡觉时间了，我便不能跟你一起做有意思的事情了，比如玩公主版的'快艇骰子'或者当'我们'看比赛的时候让你跳到我的身上。所以，为了节省时间，我不坐着尿尿。"

错在何处：为了节省时间（鉴于你的解释），你的女儿也会开始站着尿尿，弄得满地都是尿液，你还得去清理。更糟糕的是，这可能会发生在你看比赛的关键时刻——我可能是历史上唯一一个因为当时正在清理我女儿的尿液而错过伊莱·曼宁（Eli Manning）在超级碗第十一场比赛中的制胜球从而推翻英格兰爱国者队完美赛季的人。经验总结：在回答问题的时候，不要让你的女儿产生任何别的想法。只要给出她能够理解的非常简单的答案即可。

正确答案："因为没有适合我坐的朵拉便盆啊。"

你今天要戴哪个颜色的蝴蝶结去上班？

错误答案："我们没有哪个颜色的蝴蝶结？棕色的？好吧，我今天就想戴棕色的蝴蝶结去上班，可是，既然我们没有，那我就不用戴了。

对不起，亲爱的。"

错在何处：你的女儿会告诉你的妻子，你之所以不戴着蝴蝶结去上班，就是因为你没有棕色的蝴蝶结。而你的妻子，这个全身心爱着你的人，一定会故意找到（或者买到）一个棕色的蝴蝶结，让你的女儿交给你。你的女儿会特别兴奋，因为你再也没有理由推托了，只能戴着它去上班了。更糟糕的是，你的妻子，这个全身心爱着你的人，还会建议你（就在你女儿的面前）上班的时候戴着这个蝴蝶结跟你的同事合影，这样她们就能够看到你戴着这个蝴蝶结有多么快乐了。你的女儿并不一定会喜欢这张照片，但是这张照片一定会被放到网络上。

正确答案："我们公司明确规定，禁止男人戴蝴蝶结上班。我知道，这非常不合理。我希望将来有一天，我们能生活在一个足够包容、允许男人上班戴蝴蝶结的世界。但是，在那一天到来之前，我必须要遵守规定，无论它们是多么的不合理。"

你为什么不跟一个布娃娃一起睡觉？

错误答案："没有布娃娃的地方啊。我要跟你的妈妈一起睡觉，而她已经占据了床的大部分空间。"

错在何处：红色警告：这是一个巨大的错误。这个答案——自然会被传到你的妻子那里——她会因此认为你说她"胖"，而你绝对不能让她产生那样的误解。因为，如果你那样做了，你就很长、很长时间都别

再想做你想做的那件事了①。

正确答案: "我不再需要布娃娃了。如果我需要拥抱某人,我就来拥抱你就行了。跟你拥抱是最棒的。还有,妈妈让我把布娃娃放在柜子里,因为她说'布娃娃闻起来很臭'。"

为什么你要和妈妈睡在同一张床上?

错误答案: "因为妈妈特别害怕我们柜子里的怪物会在夜里跑出来把她吃掉,所以我必须睡在她的旁边来保护她。你不想妈妈被吃掉,对吗?"

错在何处: 暗示家里有怪物,你会把你的女儿吓个半死。并且,此言一出,便一发不可收拾。从今以后,你要把你的枕头搬到你女儿的床上,大部分夜晚都陪她一起睡了。

正确答案: "如果我不睡在妈妈身边,那么,当你夜里醒来需要她帮你上厕所、喝水或者只是发呆时,谁负责把她叫醒呢?如果没有我,妈妈会一直睡到天亮的。不客气。"

你喜欢的棒球联盟里为何没有女孩?

错误答案: "亲爱的,女孩都不喜欢体育运动,因为这是男人之间的游戏。"

---

① 别瞎想,我指的是看我喜欢的球赛。

错在何处：你不能让你的女儿觉得她不如男孩（即使不超过男孩），无论在任何事情上。这样的回答会导致她做出非常糟糕的决定，比如吸毒或者学芭蕾。而且，当你邀请任何女人进入棒球联盟，只要她们满足以下两个条件时，你的女儿就会发现，你之前又撒谎了。

1. 愿意支付一百美元的入场费；
2. 球技比你差。

正确答案："因为你年纪还不够大。不过，接下来的几年中，我会花费无数的时间教你如何打造世界上最棒的梦幻棒球队，这样一来，当你长到十四岁的时候，你便也能够加入联盟，花费同样大量的时间来研究各种迷人的数据，比如优质先发、击败率、范围评鉴和安打率（这些都不是我胡诌的）。"

那是什么？（当你洗完澡出来后，指着你的生殖器问）

错误答案："天啊，它是怎么露出来的？"

错在何处：你的女儿是一个友好、善良、乐于助人的孩子。如果你表现得自己的生殖器官从身体里露出来，那么，她就会表现她细腻的一面，努力帮你把它弄回去。而你绝对不想这样的事情发生。

正确答案："亲爱的，这是男性身体的一部分，是有毒的。所有男孩都有这个东西，而它会要了你的命的。所以，你要尽可能地远离它，如果有任何男孩试图将它接近你，你一定要用头去撞击他的脸。用力地撞。"

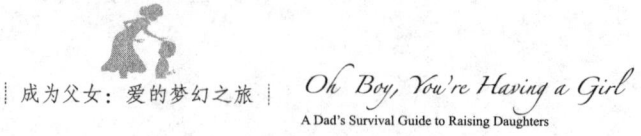

那天我看到你和妈妈赤裸地躺在床上,你们在干什么?

错误答案:"没干什么,我们就是在发呆而已。"

错在何处:这是一种下意识的反应,这样说不仅会延长你生命中的这个非常恐怖的时刻,而且还会向你的女儿传达出一种信息:她偶然发现了一个会使你感到紧张的话题。而以我对孩子的了解(无论男孩还是女孩),一旦他们发现了一个能够让你感到紧张的话题,就会继续提出更多更糟糕的问题。"你为什么骑在她的身上?""你为什么一直喊'哦,爽'?""为什么妈妈的脸上会出现那种失望的表情?"这些问题不仅会吓到你,而且还会降低你的自尊心。一定不要让这种事情发生。

正确答案:"我们俩在检查彼此的身上是否有像癌的痣。我想要一直都检查它们,可是你的妈妈只想偶尔检查一下。这是一个安全问题。真的。"

我是从妈妈的肚子里出来的?那么我是怎么进去的呢?

错误答案:"亲爱的,这个问题很不好回答,嗯……在很久、很久以前,有一个男人和一个女人……他们决定……嗯……你妈妈觉得,如果我们……嗯……你知道……会很好,而我觉得,我们有一个备用的卧室……嗯……然后我们看了电影《情到深处》(*Say Anything*),在那部影片中，约翰·丘萨克（John Cusack）在雨中将音箱举过了他的头顶，那是你的妈妈最喜欢的电影之一，还有……嗯……然后，我……嗯……我看了一眼她的肚子，然后……我大喊了一声'快变'！然后你就到里面了。"

错在何处：你不应该这样敷衍你的女儿。她是一个聪明的、单纯的女孩，这样提问只是出于好奇而已。这是生命中非常自然的一部分，可以理性地、优雅地解释。这是科学，完全可以大声地喊出来！一定要给你的女儿最真诚的答案！

正确答案："我也不知道。你去问你的妈妈吧。"①

我也会像妈妈一样生个宝宝吗？

错误答案："当你长大之后，你会遇到一个特别的人，与他坠入爱河。你们在情感上、身体上、精神上的联结会越来越紧密，并且，如果一切发展顺利的话，你们会结婚，举办一场美好的婚礼。你们将会一起享受生活，直到有一天，当时机成熟时，你会许下一个愿望：如果你足够幸运，便会得到一个宝宝；如果你特别幸运，便会像我一样得到一个特别好的女儿。"

错在何处：这样说会让她觉得，跟男孩约会是可以的。而实际上并不可以。

---

① 我非常非常不擅长科学。

正确答案："除非我死了,否则你想都别想……"

如果其他一切都失败了……

我知道,你最终还会遇到各种各样这个部分没有提到的难题。它们会让你不知如何回答。如果你真的觉得很窘迫,那么,你只要记住:你有车,有驾照,你家附近有游乐场。荡秋千、玩滑梯、从猴架上摔下来,这些很快就会让你的女儿忘记她之前所问的任何问题。

妻子:"发生什么事儿了?"
我:"哦,天啊,女儿问我性方面的问题。我不知道怎么回答。"
妻子:"所以你就把她的胳膊折断了?"
我:"不是,我带她去公园了。她自己把胳膊摔断了。"
妻子:"我要杀了你。"
我:"可是我……我……我……"

此时此刻,你又要开始假装自己中风了。(这一次,你的高中戏剧老师会为你感到骄傲的!)

第九章
她病了,你整个人都不好了!
(而且你要买一台录像机)

成为父女：爱的梦幻之旅

每次她生病的时候，你都会百分之百地反应过度——不过没关系，女儿们的确需要爸爸们反应过度。她们期待我们反应过度。那是治愈过程中的一部分。药物、医生和创可贴能够提供的安慰都是有限的，而一个爸爸能够提供给女儿现代医学无法提供的东西：他可以紧紧地抱着她，安慰她，一切都会好的。

流鼻涕是生活中很自然的事情。你可以通过禁止他人触摸你的女儿或者把她放在一个巨大的透明圆形罩里，从而让她与各种细菌隔离——然而，她依然还是会时不时地生病。此外，在克雷格列表①上找到那种透明圆形罩，是极其困难的事情。

作为父亲，确保你的女儿得到了她所需要的恰当看护，是你的责任——无论是医学治疗还是情感支持抑或是当她呕吐的时候陪在她的旁边，并且尽量让她舒服一些。当然，感到害怕也是你的责任，因为她是你的女儿。

教养儿子和女儿的区别

作为男孩，他可能是被放养长大的：感冒了？不是什么大事儿。脚踝摔坏了？贴个创可贴。闻花生过敏，身体肿起来了？别唠叨了（也别喘了），赶紧回到校车上去吧。

这便叫作严厉的爱。我的父亲便是这样教养我的，而他的父亲也是

---

① 克雷格列表（Craigslist）是美国一个著名的大型分类广告网站，创立于1995年，该网站虽然只有枯燥乏味的文字，但却是一个免费自由的信息平台。——译者注

这样教养他的。我保证,即使你追溯至远古时代,你也会发现,我往上数很多辈的祖师爷也是这样教养他的儿子的:"别在地上躺着痛苦地扭动了,赶紧起来去给农场上的动物喂食。你的大腿自己会好,可是奶牛不会喂它自己吃东西!"

而拥有女儿便是另外一回事儿了。甜美的小天使受到任何伤害或者患上任何毛病,都会被非常温柔地——并且非常惊慌地对待——即使是最微不足道的刮伤,也会被完全当作一个医疗紧急事件来处理。急救车也叫了,房间里到处都是纱布和医用胶带。你拥抱你的女儿,来停止自己的眼泪,但是并没有用——相反,她看着你的眼睛说:"爸爸,别哭了,我没事儿。"

大部分的家庭事故和疾病发生得都很迅速,以至于你根本就没有时间来准备。因此,下面这种经典的情景便能够揭露出这一点:

你和女儿正在客厅里愉快地玩耍,可能在玩类似于锤子那样安全的东西。在向你跑来、想要跳到你身上的时候,她被自己的脚绊倒了,摔在铺有地毯的地板上——这可能会进入吉尼斯世界纪录最慢动作摔倒中。她没有哭,也没有叫唤。你知道,你的工作,应该是保持冷静,不要吓到你的女儿,要掌控住全局。

你:"天啊!天啊!天啊!"

你的妻子:"怎么了?"

你:"女儿摔倒了!她摔倒了!我要带她去急诊室。"

你的妻子:"她撞到什么了?"

你:"膝盖。她撞到地板上。"

你的妻子:"看起来摔坏了吗?"

你:"一定摔坏了!现在都不能动了!"

你的妻子:"那是因为你一直在抓着她的腿。"

你:"我不能相信,自己竟然让视线离开她一分一秒。我再也不会犯这样的错误了。"

你转向你的女儿。

你:"亲爱的,我保证,你不会有事的。你不会死的。爸爸在这里,我会照顾你的。"

你的妻子:"会死?她只是……"

你:"我需要急救箱。我们把它放在哪儿了?壁橱里吗?"

你的妻子:"你要它干什么?"

你:"上面有心肺复苏术指导说明。万一她摔成了脑震荡,晕过去怎么办?我要提前做好准备。"

你的妻子:"就因为撞到了膝盖?"

你:"上周我在宝贝中心网(BabyCenter.com)上看到了一篇文章,说在意外刚刚发生的时候,脑震荡的症状可能并不明显。"

你的妻子:"她的膝盖问题,我想任何医生的诊断都会是'轻微刮伤'。"

你:"我这周最好请假,不去上班了,我要照顾她。家庭与医

疗休假法案规定,这种情况下我能休多少天啊?"

你的妻子:"我要离开你。"

根据经验,这只是一种吓唬。她不会因为你在女儿受伤时非常小心地照顾她而离开你的。她只会因为A.C.斯莱特(A.C. Slater)和他迷人的健美衫/叠褶裤而离开你。而且,平心而论,你很难因此而责怪她。

得病/受伤的情境以及如何处理它们:儿子版与女儿版

※ 受伤情境:你的孩子正在骑自行车,撞到灌木丛上了。

你会对你的儿子说:"赶紧离开灌木丛回到自行车上,你这个笨蛋!"

你会对你的女儿说:"别动。我进去救你!"

※ 受伤情境:你的孩子抱怨自己嗓子疼。

你会对你的儿子说:"喝点淡盐水,别抱怨了,否则我就让你知道真正要抱怨的是什么!"

你会对你的女儿说:"我给你买了197根冰棒,它们应该能够帮助缓解疼痛。还有,我已经取消了我所有的会议,这样我就能一整天都给你按摩脖子了。"

※ 受伤情境:你的孩子从树上摔下来,一只胳膊摔断了。

你会对你的儿子说："摔断的最好别是你那只用来投球的胳膊。"

你会对你的女儿说："我要花掉所有的钱，请世界上最好的医生立刻给你修复那只胳膊！不过，我保证，我不会动你的婚礼基金的！"

※ 受伤情境：你的孩子开始长水痘了。

你会对你的儿子说："你觉得，柯尔克·吉布森（Kirk Gibson）在1988年世界比赛那场全垒打出场之前去挠他的水痘，那他还能赢得比赛吗？"

你会对你的女儿说："带上扒抓工具和布里洛靠枕，我们赶紧去镇上！"

※ 受伤情境：你的孩子患有危及生命的疾病，需要肾移植。

你会对你的儿子说："你的一个肾出毛病了？那正好，接下来该另外一个肾向我们展示它的作用了。"

你会对你的女儿说："我的两个肾都可以移植给你。还有你妈妈的。还有那个我们不喜欢的邻居孩子的。给我一个小时，我就把它弄来给你。"

女儿流鼻涕的一个夜晚

我永远都不会忘记我的二女儿第一次生病的情境。它教会我，现在也能教会你，如何应对流感季。那时，她刚刚六个月大，第一次得感

冒,很显然,那天晚上我们全家都不能睡觉了。我的妻子表示自己可以照顾她,而我告诉她不用。这是父亲的工作,我要接受挑战。并且,反正我要尿尿,怎么也得起夜。

我把女儿从摇篮里抱出来——她又醒了,因为鼻子一直不通气,所以没办法舒服地平躺着。我把她慢慢地抱到客厅的沙发上——我知道,这将会是一个漫漫长夜,我不想一直被困在她的卧室里(尤其是她的卧室里没有电视,不能看世界体育中心频道)。我把我能找到的所有柔软的东西都叠在了一起——枕头、毯子、卫生纸——从而搭建了一个对男人来说最舒服的沙发床。这是我的三个顶级建筑成就之一——另外两个都是婴儿的秋千——因为我不小心把我做的第一个秋千踩坏了,所以只好又做了第二个。

我抱着我的可爱的小女儿,躺在我自己搭建的沙发床上。我花了好几分钟的时间调整姿势,努力找到最舒适的位置,并且保证女儿可以顺畅地流鼻涕。事实证明,这点很难做到,因为:

• 她不肯安静地躺着;

• 在搭建我的沙发床之前,我忘记彻底地清理一下沙发了,现在只能用遥控器来充当临时的直肠温度计了。

当我终于变换到一个舒服的姿势时,我已经满头大汗了。我不知道你是否曾经将一个发烧的婴儿放在你的胸口上,如果你这样做过,你便知道,他们的小身体很热,非常热。一些科学家已经通过各种复杂的数学运算证实,发烧的、睡觉中的婴儿是引起全球变暖的首要因素。第二个因素是奶牛放屁。

第九章 她病了,你整个人都不好了!

我的女儿终于睡着了,开始轻轻地打鼾,而我也迷迷糊糊地睡去。我没想到这个夜晚会这样结束,但是我喜欢听这样的鼾声。然而,这种宁静只持续了大概十五秒钟的时间,她又开始动了。她把头埋在我的脖子之间,占据了我70%的呼吸气管,从而导致我的头只能处在水平的位置上,看起来就像贝瑞·邦兹①不吃麦片时的样子②。我非常想动一下,可是我又害怕把她吵醒。这就叫作"为了团队的利益而忍耐",爸爸一直都得这样做。

当我终于找到一种方式可以不那么痛苦地入睡时,同样,好景不长。大概每六分钟的时间,我的女儿就会打一次喷嚏——并且是三连发。这种噪声就像闹铃一样,总是把我吵醒。我刚要睡着,她便又打喷嚏了!阿—嚏!阿—嚏!阿—嚏!恶性循环。

此时此刻,唯一能够长久休眠的便是我的腿,血液都不循环了,医生得把它切掉才行。在无法睡觉的精神错乱中,我开始思考失去一条腿的好处(首选停车位置、节省一半剪脚指甲的时间、在腿睡不着的时候人也可以睡着,等等)和坏处(不得不将高尔夫球杆变为拐杖,而不能用它们打高尔夫球了)。

当我试着活动一下腿脚,让它慢慢恢复知觉时,我发现女儿已经黏在我的身上了。你要正确理解这句话:黏在我身上了。她脸上厚重的鼻涕把我们两个黏到了一起,就像一种初级的行为艺术一样。我试着把我俩分开,但是没有用。我想喊人来帮忙,但是她的头依然埋在我的脖子

---

① 贝瑞·邦兹(Barry Bonds),前美国职棒旧金山巨人队的球员,目前是自由球员,因擅长本垒打(攻)、盗垒(跑)及守备(守)之全能打而闻名。——译者注
② 他还喝牛奶。

间，使我只能发出轻微的声音。更糟糕的是，电视上正在播放我最喜爱的广告——可以保护你的汽车的车蜡，即使放在火上烧，也不会影响它的颜色——可是我看不到！

很显然，我唯一的选择就是等待我的妻子第二天早上醒来，下楼来找我们。她确实是这样做的。她用温水把那些鼻涕擦干净，慢慢地把我们俩分开，就像医生小心地把连在一起的双胞胎分开一样。

你给她吃婴儿泰诺治疗发烧了吗？

我们可以那样做吗？

你下床的时候我告诉你了啊。

我以为你让我给你拿一个热口袋①呢？

我为什么要在夜间让你拿热口袋？

因为它们很好吃啊。

她把女儿递回给我，这个时候，女儿睁开了她的眼睛。她坐在我的膝盖上，像一只蝴蝶一样。她不流鼻涕了，也不打喷嚏了。她看着我，好像在对我一整夜的付出表示感谢。她笑了。在一整夜的辗转反侧、鼻涕喷嚏、脖子疼、血液不循环等折磨之后，我得到了她的一个微笑。这是我收到过的最好的致谢。

于是，早餐我吃了热口袋来庆祝。

---

① 一个早餐品牌。——译者注

第九章 她病了，你整个人都不好了！

你需要叫医生的十一个迹象

并非每个夜晚都是与你的女儿依偎在沙发上那样简单。有的时候，你的确需要呼叫一位医生。像大部分男人一样，我通常会避免去找任何的内科医生，原因主要有两个：

1. 医生们都很贵；
2. 而我非常贱。

然而，当你拥有了一个女儿之后，当她身体不舒服，咳嗽、打喷嚏或者有些眨眼的时候，你身体里的每一块"不要叫医生"的肌肉都会被改变。你的脑海里会上演各种各样的情景：

是感染了吗？

西尼罗河病毒？

她是不是对我们的高清电视过敏啊？如果是这样的话，我们要在二者之间如何取舍呢？

除非你拿到了医学学位，或者看了足够多的《实习医生格蕾》（*Grey's Anatomy*）的剧集，否则的话，你诊断她的疾病的能力不会比你开飞机的能力要强[1]。实际上，即使你想要使用网络医生网站

---

[1] 除非你是一位飞行员，在这种情况下，这正是一个差劲的类比。

（WebMD）来为她诊断，你也做不到，因为你特别惊慌，根本没有办法控制自己的手指来输入她的症状。讽刺的是，你的这种情况在网络医生网站上倒是有个医学术语，叫作"神经错乱老爸综合征"。

虽然你想要对她的病情追根究底，但是，你肯定不会因为流鼻涕这样的小事就打电话叫医生。于是，我在咨询了各位儿科医生、浏览了各种医学杂志、观看了所有的奥普拉（Oprah）脱口秀、访问了推特上所有的人之后，总结出了一份"你需要叫医生的十一个迹象"清单：

1. 她额头的温度超过了一位棒球联盟球员连续打三十场球之后的身体温度；

2. 她不小心弄伤了自己，而伤口大到你的医药箱中的所有公主创可贴都覆盖不了；

3. 她开始看起来有点儿太像你的岳父了，主要因为她上嘴唇附着的鼻涕胡子；

4. 她的头发开始脱落了。哦，不，等一下，是你的头发掉到她的身上了。不过，你最好还是叫医生来看一下，确保你的秃顶问题不会遗传到你的女儿的身上；

5. 我不确定专业术语是什么，但是她的皮肤开始看起来"有斑点"；

6. 她不想跟你一起看世界体育中心频道了（这可能是所有症状中最严重的了）；

7. 她一整天都在呕吐，而且无论你喂她吃了多少的熏肉，她都停不下来；

8. 你想要跟她默契地击个掌，而她却从你的旁边走过，连理都不理你；①

9. 她从楼梯上摔下来，现在她的膝盖在多个方向上弯曲；

10. 她昏睡在沙发上，只有在尿尿和抱怨《爱探险的朵拉》失去吸引力了的时候才会起来；

11. 她说妈妈的拥抱比你的拥抱更能安慰她。很显然，她已经神经错乱了，需要立刻进行医学治疗。不用叫医生了，直接送去急诊室吧。我们只能希望，一切都还为时不晚。

为何女儿在生病的时候需要父亲

只要你拥有一个女儿，那么，每次她生病的时候，你都会百分之百地反应过度——不过没关系，女儿们的确需要爸爸们反应过度。她们期待我们反应过度。那是治愈过程中的一部分。药物、医生和创可贴能够提供的安慰都是有限的，而一个爸爸能够提供给女儿现代医学无法提供的东西：他可以紧紧地抱着她，安慰她，一切都会好的。

友情提醒：一定要记得买一台录像机，因为你的女儿很有可能专挑"三月疯狂"、超级碗以及其他极其重要的体育冠军赛的时候生病。我想，这是女儿告诉你她爱你的特殊方式。当然，也是她告诉你赶紧换台

---

① 可能她误解你的击掌了，还以为你只是向她挥手，不妨用撞拳再试一下。

看朵拉的方式。

虽然她生病的时间不当，但是你的工作却非常简单：在她需要的时候拥抱她。在她想要感觉舒服一点儿的时候，喂她能够让她感觉舒服的食物。只要能够让她笑出声来，忘记疼痛，哪怕只有一会儿的时间，你也要情愿付出一切代价，哪怕是伤害了你自己[①]。你能越快忘记你的小公主生病了的事实，她就能越快真正地好起来。

并且，如果你足够幸运的话，当她的流感病毒消失，她又能起床走动、东奔西跑、像她从小到大那样玩耍的时候，她会突然戴上她的听诊器，慢慢靠近被她传染了、躺在床上的你，认真地帮你看病。这是她表达"谢谢你，爸爸"和"我爱你，爸爸"的特别方式。

不过，无论如何，一定不要让她给你量体温。我看过我的女儿们用温度计给她们的娃娃量体温，而我要告诉你的是，她们并不会把温度计放到娃娃的嘴里。

[①] 我强烈建议你假装被绊倒，摔到地上。如果她的玩具依旧像它们平时那样到处闲逛，或许你就不用假装被绊倒了，而是真的会被绊倒了。

第十章
从换尿布到如厕训练
（本章很臭）

Oh Boy, You're Having a Girl

A Dad's Survival Guide to Raising Daughters

成为父女：爱的梦幻之旅

你的努力和决心将会给她信心，让她成为最好的她，无论是医生、律师、垒球运动员还是芭蕾舞女演员。当她在哈佛毕业典礼上走上舞台，在千百人面前发表毕业致辞时，你将会向后靠在椅子上，听她感谢你的爱、你的支持以及有一次你让她自己冲厕所，即使"妈妈说不可以"。

当其他爸爸在谈论他们的女儿的时候，大部分都会告诉你那些福利之事，比如捏捏她们可爱的小脸颊并利用它们来练习腹语术。（如果你未曾尝试过此举，那么你一定要试试。这是一件非常令人捧腹的事情，很适合户外烧烤。）他们也会告诉你，当他们的宝贝女儿在他们的胸膛上睡着的时候，他们的妻子就会允许他们和女儿一起小憩一会儿——这点没瞎说！（每个女人都无法抗拒自己的女儿睡在她的爸爸身上的画面。）他们还会告诉你，他们的妈妈非常感激他们给自己生了这样一个孙女，她们会因此原谅他们不小心烧毁的地毯。哎，都是福利。

然而，他们从来都不会谈论，父亲生涯中存在的两个最脏的项目：换尿布和如厕训练——污秽、恶心、令人不舒服的换尿布和单调、痛苦、令人沮丧的如厕训练。关于这两件事情的信息，没有人会告诉你，但却是你很需要的。所以，你要认真地阅读此章节中的内容：我会在此章中放送关于这两件事情的深度独家爆料，告诉你为何它们很重要以及为何你非常需要将你母亲的电话号码设置为快速拨号。

第一阶段：换尿布

快讯：从女儿们一出生开始，她们的身体构造与我们便是不同的——她们会因此而尿得你浑身都是。而且，我这并不是在进行比喻①。

在你的女儿刚生下来的前几年，她都需要使用尿布。一片尿布就像是一件小制服一样，会包裹住她的私密部位，吸收所有的液体和固体，但却不能吸收气体。一般情况下，这些尿布上还会附有可爱的品牌名，比如好奇（Huggies）、帮宝适（Pampers）或者乐芙适（Luvs）——这些名字没有一个是能够准确地描述你与尿布的关系的。最重要的是，这些尿布的侧面还会粘着布带，它们会粘住你手臂上的汗毛，导致你疼痛不已。

其实，换尿布并没有那么难——只要你有六只手就可以了。正因为这样，很多夫妻都会将换尿布视作一种"团体性运动"，并且会尽可能地努力招聘到更多的人。你需要：

- 一只手用来拿脏尿布；
- 一只手拖住她的腿，防止她扭来扭去；
- 一只手抓住她的手臂，防止她的手动来动去；
- 一只手用来擦所有需要擦的地方②；

---

① 主要因为我不知道"比喻"一词表示什么意思。
② 在这个环节中，你要负责给你的女儿擦拭七十五下，而你的妻子只要负责给她擦拭一下。但是，这种运动比分在大部分情况下都会被视作你的妻子胜利。对此你要适应。

- 一只手给她换上新尿布；
- 一只手捂住鼻子，防止自己因为恶臭而呕吐出来。

我还记得自己第一次给女儿换尿布的情景。那时我们还住在医院里，等待医院要送到我们房间里的餐食，而就在那个时候，我的大女儿第一次便便了（而且她的便便恰好与医院提供的餐食看起来很像）。

"别担心，我来处理。"我说。

我开始给女儿脱掉尿布，擦掉所有的脏物，然后给她换上新的尿布，根据记录，整个过程一共用时二十二分钟。我举起她，作为爸爸充满骄傲感。我笑着对我的妻子说："看，我会成为一位伟大的爸爸的。"

她笑着回答我："你把尿布给她穿反了。"

脏尿布的五个等级（以及分别如何处理它们）

并非所有的脏尿布都是一样的。有些尿布的脏物面积比较大，而有些则比较小；有些尿布会很多个小时都保持干爽，而有些则刚换上几分钟就需要被换下。谢天谢地，我们的政府创造了脏尿布危害等级系统，可以帮助你进行测量，为接下来要发生的事情做好准备。这个系统旨在分析每一种脏尿布的潜在危害，然后对于每一种情况要如何准备（和处理）提出建议。你不需要感谢我分享这些信息——在你幸免于一次红色警报之后再感谢我吧[①]！

[①] 我很清醒，我指的并不是火山爆发。但是，此处的细节实在太恐怖了，我找不到其他词语来描述了。此外，我希望你还有一个惊喜可以期待。

| 成为父女：爱的梦幻之旅

等级1：绿色警报

这种情况是指，味道很小或者没有，液体从尿布中流出来的可能性很小。换句话说，它只是湿了而已。此时此刻，联邦政府，即你们全家要立刻注意，通常要采取下列保护性措施：

- 将湿纸巾和多余的尿布放在近旁；
- 确保防水垫放在一个不会使你找起来手忙脚乱的位置；
- 给她换下旧尿布，换上新尿布；
- 将脏尿布扔到垃圾箱里，顺路去冰箱拿一听冰镇啤酒。

等级2：蓝色警报

也叫作"小臭鬼"，这种情况是指，没有实际爆炸的迹象，但是鉴于她放出的屁的难闻味道，可以判断出她有一定的拉便便的风险。蓝色警报等级的屁是有毒的，简直能杀人。我曾经见过蓝色警报要了两个布娃娃的命——椰菜娃娃和未曾想到的土豆先生。此时此刻，你通常要采取下列保护性措施：

- 戴上乳胶手套慢慢地伸进去摸一下，确定里面有没有东西。如果已经有了，那么，你就得宣布黄色或者橙色警报了（详情见下文）；
- 打开窗户或者切掉你的鼻子来消除臭味；
- 邀请你的岳母大人过来吃晚餐，不过只在她能够在接下来的四分钟之内到达的情况下。将女儿交给她，自己跑去买比萨。等她已经处理好接下来的黄色或者橙色警报之后，你再回来。重要提示：不要忘记使用减少两美元的比萨优惠券。

等级3：黄色警报

这种情况是指，尿布上已经有一枚炸弹了，但是依然可以控制。黄色警报的迹象包括：出汗、咕哝、哭喊和恶臭——而最后一项是从你的身上散发出来的。你的女儿可能会觉得，在客厅里每个人的面前拉臭臭是一件非常尴尬的事情，所以她会装作什么都没有发生。此时此刻，你通常要采取下列保护性措施：

• 也装作什么事情都没有发生。

等级4：橙色警报

这种情况是指，尿布上混合了可见的、无害的福利物品，也就是便便。出现在尿布中的福利物品包括但不限于：浆果、玉米、豌豆、硬币、瓶盖、丢失的遥控器按钮、一对骰子（一语双关）和微型灯泡（就像她的屁股有一个非常好的主意一样！）。橙色警报会带来很多惊喜，所以被你的母亲和岳母戏称为"礼品篮"。（记住：永远不要从你的母亲或岳母那里接过"礼品篮"。）

此时此刻，你会要求给女儿更换尿布，因为：

- 它不会致命；
- 它不脏乱；
- 你很有可能因此找到你丢了的车钥匙。

开个玩笑。通常情况下，你还是要采取下列保护性措施：

- 脱下你最喜欢的运动衫；
- 戴上医用口罩；
- 哼唱皇后乐队（Queen）的《我们是冠军》（We Are the Champions）来为自己打气；
- 确保某人的手提包是合上的，将其打开。脏尿布+打开的手提包=所有人都喜欢的玩笑。

等级5：红色警报

在我们国家的有些地方，这个等级还被称作"棕色警报"或者"核弹攻击"。黏滑的颗粒不仅从她的尿布中跑出来，而且还会毁掉方圆五英里之内的所有东西。喜欢那个小东西？太糟糕了，她拉了便便；喜欢墙上的绿日乐队（Green Day）海报？太糟糕了，上面有了便便；喜欢你的额头？太糟糕了，上面有了便便；喜欢六十二英寸的平板电视？太糟糕了……好吧，实际上，你已经在这样的事件中，聪明地用十一层塑料膜和四卷胶布来保护它了。好样的！

此时此刻，你通常要采取下列保护性措施：

- 你的灾变应急部队准备好；

- 祈祷一位圣人来替你给女儿换尿布；
- 拿出男人的样子，换下尿布，无论你的额头上附着了什么；
- 拍照发给你正在上班的妻子，她会感激你的；
- 最后，将红色警报中产生的所有东西都放进一个垃圾袋里，紧紧地密封起来，然后驱车开往邻近的州，将其燃烧在一位大超联赛粉丝的后院里。（所有人都喜欢的另外一个玩笑。）

第二阶段：如厕训练

好消息是：她不会永远都需要穿尿布。

坏消息是：有一天，你的小天使要开始一项漫长、痛苦的学习——如厕训练。此事将由五个因素导致：

1. 你的女儿对便盆产生兴趣；
2. 你的妻子说是时候开始如厕训练了；
3. 你的岳母说是时候开始如厕训练了（然后攻击性地、一遍又一遍地重复提起）；
4. 你妻子的朋友们说，她们最喜爱的妈咪博客主说，是时候开始如厕训练了；
5. 你的女儿现在已经十岁了。作为父母，你们已经很失败了。

如厕训练是你拥有女儿要面对的较难问题之一，尤其是在每个人都会主动给你提供各种各样的建议但是没有一个有用的情况下。大家一个接着一个地跟你分享他们的成功故事，尤其是你的岳母，她说自己三个

月就训练你的妻子如厕了。（注意：你会对此表示怀疑，因为在三个月大的时候，你的女儿唯一被训练的事情是流口水。）

第一步：贿赂

对于如何让你的女儿从尿布过渡到便盆，你会得到五花八门的建议，其中包括：让她尿在内裤里一些日子，她自己就该觉得不舒服了；设置闹铃，每个小时把她放到便盆上一次；让你的妻子来处理。或许这些方法对你而言会有用，但对我而言完全没用。我的女儿太顽固了。所以我必须拼尽自己的全力：贿赂她。

好了，亲爱的，我们该去上厕所了。

可是我不想去上厕所。

如果你在便盆中尿尿，我就给你一袋M豆巧克力糖。

什么颜色的？

绿色的。

我不喜欢绿色的。

那你喜欢什么颜色的？

粉红色的。

恐怕这种糖根本没有粉红色的。红色的怎么样？

红色跟粉红色是不一样的！

（作为对你提出此建议的惩罚，她看你的眼神让你知道，她在思索着直接在她的裤子里便便。）

爸爸就在便盆里尿尿。你为什么不可以呢？

要是马桶怪物突然跳出来咬了我的屁股怎么办啊？

根本就没有什么马桶怪物。

当然有了，爸爸。那天妈妈去厕所的时候很沮丧。她说你在那里留下了一个马桶怪物。

哦，她其实的意思是……算了，还是别管她实际的意思了。如果你去上厕所，我就跟你玩儿穿衣打扮的游戏。怎么样？

不用了，谢谢。你不会打扮成非常可爱的公主。

如果你不去上厕所，那我就把你送到奶奶家里去！

可以啊，我让妈妈送我去。

每过大概五个月的时间，这样的对话就会重复一次。慢慢地，我都开始酗酒了。开个玩笑。（2000年年初的辛辛那提红人才会使我酗酒。）无论我如何恳求、威胁和诱惑，都没有用。我的女儿就是不肯迈出这一步。

第二步：放弃

因此，我像其他人一样，在这个时候选择了放弃。我开始接受现实：她将终生都穿着尿布度过。然后，一件好笑的事情发生了。

那天，我们在一个朋友的家里，他的女儿比我的女儿大一点，人家是在便盆里尿尿的。为了跟她喜欢的小姐姐一样，我的女儿也要求自己去便盆上尿尿。而且她做到了！这简直是一个奇迹，就像美国曲棍球队在1980年的奥运会上竟然打败了俄罗斯队和贾斯汀·比伯（Justin Bieber）的头发竟然会成为一种流行时尚一样！一切只要一位朋友的一点尿尿压力即可！从那个时候开始，每当她要去上厕所的时候，都会告诉我，而我就会把她放上去。

而就在那天晚上，上床睡觉之前，她在那个便盆上便便了，这是过去五个月以来我一直梦寐以求的事情。

她的第一个马桶怪物。而我骄傲得不得了。

公共洗手间："绝不"清单

一旦你的女儿会自己上厕所了，你的妻子不可避免地就会做出一个"残忍"的决定：让你独自带你的女儿出去。她会让你做一些简单的事情，比如带你的女儿去杂货店，或者一些稍微复杂的事情，比如带你的女儿去杂货店买一些东西。无论是哪种情况，你的女儿在此期间都会要求去十一次厕所——即便她在离开家之前刚刚去过。

鉴于以下两点，这本不应该是什么问题：

1. 她已经接受过如厕训练了；
2. 你知道如何操作马桶。

然而，大错特错！有一个巨大的问题——并非你忘记带钱包，直到把购物车装满了价值两百多美元的东西之后才想起来。问题在于你的妻子——她非常讨厌公共洗手间，要求你必须遵守她的"绝不"清单。这是一份非常直接也非常具体的清单，明确告诉你在公共洗手间如何指引自己和关照你的女儿。如果看完这本书你只能记住一件事，那么，请记住这个清单。你的生命掌握在它的手上。

清单如下，无论在任何情况下，你都绝对不能：

• 在没有提前确保没有变态的人——比如瘾君子或者史蒂夫·布西密①偷看之前，把你的女儿带进公共洗手间；

• 让你女儿的后臀部（肛门的含蓄用语）触碰到马桶座圈②；

• 允许她的裤子或者内裤触碰到地板；

• 允许她的双脚碰到地板；

• 允许她的双脚离地十二英寸以内；

• 除了你之外，让她触碰到公共洗手间里的其他任何东西，包括墙壁、门、水池等等；

• 让你的女儿去按冲厕所的按钮。这件事必须由你来做，并且是用你的脚来按。如果你用手按了，那么你将被禁止触碰家里的任何东西，包括你的妻子；

---

①史蒂夫·布西密（Steve Buscemi）：曾在大小银幕中塑造过无数让人记忆犹新的鲜活人物，虽然多以配角出场，但其出色的演技使之丝毫不亚于主角的光彩。从初涉影坛至今，布西密已经出演了将近一百部电影和电视剧，时至今日，这棵常青树依然屹立不倒。——译者注

②无论如何，千万别对你的妻子说："在把她放到上面之前，我已经擦过马桶座圈了。"因为，这将自动导致你的妻子至少三个月都不跟你亲热。

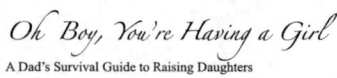

- 让你的女儿与洗手间里的任何人有眼神接触；
- 让她使用挂在墙上的可重复使用的烘干机。如果实在没有办法，也应该是让她用你的衣袖来擦干；
- 让她自己去洗手间；
- 跟你的妻子谈论在洗手间里的经历——她只要一想到公共洗手间就想吐；
- 再次毫无压力地去公共洗手间。

那么，应该怎么做呢？

事实：你的妻子已经表达得非常清楚了，无论在任何情况下，都不能让你的女儿直接坐在公共洗手间的马桶座圈上。那么，当你和女儿在公共场所，比如烤饼店或者俱乐部这样的地方，而你的女儿又必须尿尿时，你该怎么做呢？我来告诉你四个可行的技巧：

1. "叠层系统"：先往马桶座圈上垫一层卫生纸，接着再垫一层纸巾，然后再把你的衬衫放在最上面，最后，把你的女儿轻轻地放在你刚刚搭好的小山上，祈祷她不会掉下来。

2. "举在上方"：把女儿举在马桶上方，一只胳膊放在她的膝盖下面，另外一只胳膊环绕着她的脖子，看着她安心地尿在马桶外面，尿在你的鞋上。

3. "水池方法"：为了彻底避免肮脏的马桶，干脆直接让你的女儿蹲在水池里。这种方法只能在没有人看到时或者没有人占用水槽时才能使用。

4."让她像她的爸爸一样站着尿尿计划"：如果各位仁兄觉得没问题的话……

我相信你！

我知道你现在正在想什么：我永远都搞不定换尿布和如厕训练这两件事了。但是，我以人格担保，无论你多么无能，无论你多么不自信，无论你多么害怕你的女儿把便便拉在你的胳膊上，最后你都能搞定。你的女儿需要你搞定这一切，然后教她如何做生活中很多重要的事情，比如如何开手动挡汽车以及如何在不喝一口水的情况下，一顿饭吃掉五十个非常烫的布法罗辣鸡翅。她还需要看到你是如何淡定地处理那些红色警报的脏尿布、数月时间的如厕训练以及为了不让她的身体的任何部位碰到任何东西而尴尬地把她举在马桶上方尿尿——换句话说，她需要看到你是如何来应对你人生当中这最具挑战性的其中一个时期的。你的努力和决心将会给她信心，让她成为最好的她，无论是医生、律师、垒球运动员还是芭蕾舞女演员。当她在哈佛毕业典礼上走上舞台，在千百人面前发表毕业致辞时，你将会向后靠在椅子上，听她感谢你的爱、你的支持以及有一次你让她自己冲厕所，即使"妈妈说不可以"。

卧倒掩护：你的妻子朝你走过来了。

第十一章
如何让她"不爱芭蕾爱运动"
（一个完美计划）

Oh Boy, You're Having a Girl

A Dad's Survival Guide to Raising Daughters

成为父女：爱的梦幻之旅

  无论你多么努力想要阻止，有些女孩注定是会学芭蕾的。你可以把世界上所有的足球都找来，排成一队，放在她的面前，然而，她会穿着她的舞鞋，跳转着穿过它们，甚至连碰都不碰一下它们。

迄今为止，我已经讨论过喝茶派对、朵拉、迪士尼、应付公共卫生间、粉红色衣服问题，等等。它们都是我经历过的，也是所有拥有女儿的爸爸经历过或者即将经历的。从表面上看，它们很可怕，但是一旦你潜心研究它们就会发现，它们只是有点可怕。实际上，你或许会开始享受与你的女儿一起做其中的大部分事情。（在世界体育中心频道插播广告的时候，我经常换台看朵拉，幻想着与我可爱的小姑娘依偎在沙发上。）

重要的是，你要记住，所有这些事情，虽然很难去做，但是不会要了你的命。

然而，芭蕾舞会要了你的命。

芭蕾诱惑

甚至在你的女儿学会走路之前，每位来家里看她的女性都会假设她将来要学芭蕾舞。她们会给她买伊诗比蒂牌的芭蕾舞鞋、以芭蕾舞为主题的套装、芭蕾舞玩具和戏服，并谈论（非常频繁地）她们自己在年轻的时候多么喜欢跳芭蕾舞（这是一个谎言）。你的岳母会突然开始播放你的妻子在她还是一个小女孩的时候在某种所谓的"独奏会"上跳舞的

视频——换句话说,也就是"你所看到过的最痛苦的事情"。这应该算作一种联邦犯罪。不幸的是,根据美国的司法制度,它并不是[1]。

到底什么是芭蕾?

芭蕾由粉红色的制服(我的妻子和女儿称之为舞衣——上面既没有数字号码,也没有团队名称)和晚间的练习(与你已经排满的时间表——烤肉、饱餐以及不停地轰赶往你的地下室里钻的小虫子相冲突)组成。它还由很多个女孩组成,她们排成队列,努力同时做出相同的动作,却糟糕地失败了。(为她们说句公道话,谁让她们的爸爸都没有节奏感,不会跟着节拍起舞呢?[2])更糟糕的是,没有中场休息和第七局终极之战。

最糟糕的是,芭蕾改变了时间的连续性,创造了一种特别的"芭蕾时间",一个小时的芭蕾时间要比正常的一个小时的时间长。长多少?我把它拆分成下面这个简单的等式,你一看便知:

标准1小时=60分钟

芭蕾1小时=标准1小时的4400倍

60分钟×4400倍=差不多桑德拉·布洛克[3]电影的长度

---

[1] 如果你竞选国会代表,支持禁止一切芭蕾舞演出的话,那么,我要投你一票!
[2] 不过,我的女儿例外。因为我非常善于跳舞。
[3] 桑德拉·布洛克(Sandra Bullock):美国影视女演员,金像奖、金球奖最佳女主角,代表作有:《二见钟情》《特工佳丽》《生死时速》《假结婚》《弱点》《地心引力》等。

——译者注

第十一章 如何让她"不爱芭蕾爱运动"

芭蕾给你的家庭带来的经济负担，足够导致你得心脏病，也足够给政府以沉重的一击。上课、服装、舞鞋（比一辆全新的野马车都要贵）、送她上下课的汽油以及贿赂动物[①]，这些会花费你成千上万美元。除非有人突然要买你身上那些多余的东西，比如肚脐绒垢或者碎头发，否则的话，你很可能要打第二份工了。而且，你还必须确保，你的时间不能与女儿练习芭蕾的时间相冲突。

到底有多糟糕？

众所周知，练芭蕾很痛苦。非常痛苦。我觉得，你可能体会不到它实际上有多痛苦。为了说明，我准备罗列出十件事情，我宁愿这些事情发生在我的身上，也不愿意参加一场芭蕾舞会：

1. 胯部被撞；
2. 头发置于火上；
3. 吃一份火鸡三明治，吃完才发现，那并不是火鸡，而是加·加·宾克斯[②]的肉体；
4. 被迫聆听卡莉·蕾·杰普森（Carly Rae Jepsen）经典的《有空给我打电话》（*Call Me Maybe*），并且重复聆听，一直持续下去，直到永远；

[①] 贿赂动物是指，你为了不让你的女儿告诉你的妻子，你并没有带她去练习芭蕾，而是去俱乐部玩纸牌了，所以你要贿赂她，给她买小动物。
[②] 加·加·宾克斯（Jar Jar Binks）：电影《星球大战》中的外星人。——译者注

5. 被大学同学看到自己给妻子买卫生巾;

6. 被大学同学以及自己的运动偶像——名人堂中的游击手贝瑞·拉金（Barry Larkin）看到自己给妻子买卫生巾;

7. 自己的裸体照片在网络上流传;（不过，这对于网络而言，是一种胜利。）

8. 发现自己长了一条尾巴;

9. 陷于交通拥堵中，却发现自己的手上有四杯热咖啡和一个小水泡;

10. 三个词：外星人、肛门、探测。

通过上述内容，你便能理解，为何要竭力阻止自己的女儿学芭蕾，并且尽量让她喜欢一些更有益、更好玩儿的事情，比如打保龄球或者修剪草坪。更好的是，让她走上运动员之路，这样她便有机会参加各种比赛，而在接下来的数年时光中，你都能去为她加油呐喊（戴着你最喜爱的一个塑料手指），并且有一天，她可能会签下一份百万美元的合同——从而帮你实现你毕生的梦想：像史高治·麦克老鸭[①]一样，在巨厚的金钱中游泳。

父亲守则

为了对付芭蕾舞会，时刻准备好车尾野餐。把酒瓶偷偷装在你的口

[①] 史高治·麦克老鸭（Scrooge McDuck）：迪士尼创作的经典动画角色之一。在故事里，1930年，史高治被塑造成全世界最富有的鸭子，然而它仍然不断地去扩充自己的财富，而且十分不爱花钱，爱钱如命。——译者注

第十一章 如何让她"不爱芭蕾爱运动"

袋里，车上要永远放满食物。因为，无论你多么努力避免，你都永远无法得知，一场芭蕾舞会何时便会悄悄地向你走来。

完美计划：让你的女儿"不爱芭蕾爱运动"的七种方法

说服你的女儿，芭蕾比犹大（Judas）更邪恶、运动比耶稣（Jesus）更神圣，并非一朝一夕的事，而是一个要花费数年的时间来计划和全情付出的过程。我很不幸（但是你却很幸运），尝试了三次，现在我已经总结出了一个一定可以成功的计划，来帮助你引导你的女儿不爱芭蕾爱运动。只要运用得当，这些方法便能够奏效。它们是：

方法1：声音同化

当你把她放到床上（她叫喊着"我要当芭蕾舞演员"）的时候，不要给她放八音盒，而是打开收音机，让她聆听着你最喜爱的棒球队的比赛入睡。冬天的时候，让她听足球周赛。这样会培养她的意识，少想闪耀的舞鞋，多想破解对方的快速双杀。

没有球赛的时候怎么办？播放你最喜爱的体育节目［比如彼得·罗斯那打破纪录的一球或者卢·格里克（Lou Gehrig）的"最幸运的人"演讲或者《球场雄心》（Hoosiers）的整部脚本］的最感人时刻的合集，把它们都提前收集整理好，需要的时候直接播放。

方法2：为她的布娃娃买装备

给她所有的布娃娃都买一副小的棒球手套，并且，当你陪她跟它们一起玩的时候，假装它们在传球。注意：有的时候，她会拒绝微波炉的防热手套。别担心。你只要表现得像是在反复地翻转食物，并且在每样东西的结尾都加上"球"这个词就行了。（"亲爱的，把那个土豆球传给我，而我要把这个西瓜球传回给你。"）

方法3：创造嗅觉关联

每当电视上播放舞蹈节目的时候，在房间里放一些特别臭的东西。这样会使她将难闻的气味与所有类型的专业舞蹈联系起来，从而不会再想跳舞了。有很多东西都可以达到效果：一堆穿过的运动袜、藏在地幔里的死鱼、放在电视后边的一张打开的尿布，等等。不过，我觉得最简单、最有效而且我最喜欢的一种方式是：吃完豆子后放屁。

方法4：教学时刻

用运动术语表达所有的数学等式。"亲爱的，如果你触地得了七分，投篮又得了三分，那么，你一共得了多少分？"当她回答正确的时候，跟她击掌撞胸，以示庆祝。

第十一章 如何让她"不爱芭蕾爱运动"

方法5：电影革命

将她所有的迪士尼电影都换成《梦幻成真》①。

方法6：介绍经典

如果她让你给她讲一个睡前故事，那么，给她读《新版比尔·詹姆斯棒球史摘要》（*The New Bill James Historical Baseball Abstract*）。这不仅会提升她对于运动统计的评价，还会恰好让她很快入睡。

方法7：贿赂

只要她答应做任何关于运动的事情，哪怕是十万八千里远的，也奖励她一块饼干。

上述方法百分之百有效，除非你的妻子比你更聪明（面对现实吧，我们的妻子都比我们更聪明），她不断地在你女儿的梦里绘制芭蕾舞演员旋转的画面。你很难去阻止这种影响。你可以利用"不跟她亲热"来威胁她，但是她知道，你这完全是虚张声势（或许，在威胁她的过程

---

① 《魔发奇缘》（*Tangled*）除外——那部电影非常奸诈。

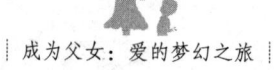 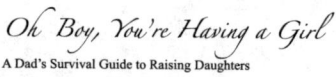

中,你便开始试图引诱她了)。你可以试着说"我要把脚放下来了",如果幸运的话,它可能会有作用。但是,如果不幸运的话,她也会把她的脚放下来——不过不会放在地板上。

你唯一的希望,便是继续为了信仰和原则而斗争,尽你最大的力量,当跟你的女儿聊天的时候,把芭蕾舞说得就像椰菜花味的冰激凌一样。

如果你的女儿依然不会因此打消学芭蕾的念头,那么,你可以像我一样:哭吧!

当你的女儿坚持想学芭蕾时,会发生什么

无论你多么努力想要阻止,有些女孩注定是会学芭蕾的。你可以把世界上所有的足球都找来,排成一队,放在她的面前,然而,她会穿着她的舞鞋,跳转着穿过它们,甚至连碰都不碰一下它们。你可能会请求她、甚至乞求她,不要学芭蕾,但是,她的想法形成后,就根本无法改变。

爸爸,我真的想要学芭蕾。
你确定吗?
我非常、非常确定。
如果你同意不学芭蕾,我就让你学开车。
爸爸,我的脚都够不到踏板。

第十一章 如何让她"不爱芭蕾爱运动"

一到十个公主的数值范围,一个公主代表你一点儿也不喜欢芭蕾,十个公主则代表你想要每天晚上都跳芭蕾,你觉得自己是几个呢?

我是一百个公主!

你感觉不可思议到快要晕过去了。

不过,这都是因为我真的非常喜欢公主……还有芭蕾。

你可以试着跟你的妻子讨论一下这个问题,不过,她会立即站在你女儿的一边,完全不理会你的想法。

听着,我不可能让她学芭蕾。
她就要学芭蕾。
芭蕾非常可怕。
她就要学芭蕾。
可是我已经花四千美元购买了顶级垒球装备了!
她……等一下,你刚刚说什么?
我说"垒球装备"了吗?我的意思是指"大学"。
如果她想要学芭蕾,那就让她学芭蕾。
如果你同意禁止她学芭蕾,那么我就同意以后每天晚上都给你捏脚。

只要我想让你给我捏脚,你就会给我捏吗?

是的。怎么样?

她对你笑了一下,你所有的血液都冲出脑海,冲进你的另一个脑海。

啊,好吧。我多长时间得带她去学一次芭蕾?

每天晚上——在你给我捏完脚之后。

一旦确定你的女儿要学芭蕾而你完全没有办法阻止了,你只有两个选择:自杀或者接受。二者各有利弊,不过,终归还是后者更好一些①。

父亲守则

既然你已经是一位芭蕾爸爸了,那么,你必须有芭蕾爸爸的穿着。所有芭蕾爸爸的硬性装备包括:风衣、田径裤、霓虹灯颜色的透明护目镜、超大号的太阳镜、三种颜色的圆筒短袜和乐福鞋。不要求认真刮胡子,但能够做到最好。

---

①勉强算是更好一些吧。

第十一章 如何让她"不爱芭蕾爱运动"

如何在重视小孩休闲活动的世界里做一名芭蕾爸爸

在本章一开始的地方我提到,芭蕾会要了你的命。我说的是真的。不过,你可以通过完全接受你的女儿跳芭蕾来使这个过程放慢速度(并且尽可能地阻止)。不要只是接送她去上芭蕾课,坐在"爸爸等待区"玩手机游戏,并试图避免与芭蕾教练进行眼神接触,从而防止她向你大谈屈膝①的历史。相反,你要尝试用下面这些方法来拥抱你的命运:

• 成为史上最大的芭蕾迷,为你的女儿呐喊加油,就像在看一场棒球比赛一样,两人出局,形势千钧一发,而她接近投手板了;"亲爱的,你可以做到!爸爸相信你!"

• 无论何时她跳完一段舞,你都要立刻起身鼓掌,并且声音要超过其他所有父母的总和。记得带上相机和摄像机,这样你就能用多种媒介进行记录了;

• 雇一位艺术家坐在你的身边,抓取你女儿的美好时刻,画成一幅油画;

• 制作一枚有你女儿照片的纽扣,每个芭蕾之夜都把它佩戴在你的衬衫上(纽扣越大越好);

---

① 有趣的事实:在芭蕾中,有两种基本的屈膝形式:一种是小屈膝,指轻轻地将膝盖弯曲,就像你试图单脚跳却没有跳好一样;另外一种是大屈膝,指用力地屈膝蹲下,就像在田野里上大号一样。

- 在网络上搜索"芭蕾术语表",尽力学习每一个术语,这样你便可以与你的女儿谈论芭蕾了,就像你与一位喝醉了的兄弟谈论足球图表一样。"哦,天啊,那是一个高难度的大跳,亲爱的。你的双脚的位置恰到好处,而且你竟然完成了旋转驻足步!如果你们的老师能够在常规动作中添加一个巴代沙①,那么你们的团队一定能够夺得冠军!"

好吧,其实,我完全不知道,这个世界上是否有芭蕾竞赛或者芭蕾冠军,但是,如果有的话,我希望我的女儿能够努力得到它,无论我要因此付出多少个小时的芭蕾时间,我都心甘情愿。并且,在她前进的过程中,无论如何,我都会一直支持她。

---

① 指芭蕾中像猫跳似的舞步。——译者注

第十二章
怎样面对她的情窦初开

（没时间开玩笑）

Oh Boy, You're Having a Girl

A Dad's Survival Guide to Raising Daughters

成为父女：爱的梦幻之旅

操场、日托所、学校、迪士尼冰上世界等等，这些地方都可能成为他们情窦初开的场所。在很多男孩表现得像傻瓜一样的很多年之前，就开始解决这个问题，是提醒他们注意自己的位置、让他们知道你有多么可怕的关键。我建议认真写一封信，随身携带，想留在哪儿便留在哪儿。

机关枪扫射。

下一章。

开个玩笑。（或许是真的。）实际上，早一点意识到，你不能单纯只依赖机关枪，这是很重要的。拥有女儿，就意味着要思虑长远、打好基础，确保她成长为一位聪明、快乐、健康的女性，讨厌除了她的爸爸之外所有的男人。你可以订立规矩，比如在结婚之前，她不可以去约会（并且，直到结婚之后，在前五年的时间里，约会也要有父母的监管）。不过，她很有可能不遵守这些规矩，从高中开始就与一些傻瓜约会。所以，你先发制人才显得极其重要。

现在就开始树立威信

性格形成期是很微妙的，不仅对你的女儿而言是这样，对所有围绕在她身边的男孩子也是一样的。操场、日托所、学校、迪士尼冰上世界等等，这些地方都可能成为他们情窦初开的场所。在很多男孩表现得像傻瓜一样的很多年之前，就开始解决这个问题，是提醒他们注意自己的位置、让他们知道你有多么可怕的关键。我建议认真写一封信，随身携带，想留在哪儿便留在哪儿。因为你永远都不知道，当你的女儿提及一个男孩的名字的时候（好感形成的第一个迹象），你会在哪里，所以，提前准备好很重要。这样一来，你便能发现他住在哪里，然后把这封信粘到他卧室的门上①。

我知道，要写这样的一封信，是一件很困难并且很浪费时间的事情。如果你没有时间自己写的话，你可以直接用我的。我把它附在了下面。

致你的女儿感兴趣的所有男孩的一封信

亲爱的傻瓜：

你听说过爸爸仙子吗？没有？好，让我来给你解释一下。

我注意到，我的女儿对你产生了兴趣。或许你听到这件事情会很高兴，不过，我保证，这并不是一件令人高兴的事情。我要非常坦诚地告诉你，这可能是你的生命中发生的最糟糕的一件事（除非你的父母是大超联赛的球迷，那才是你的生命中发生的最糟糕的事情——不过，这件事屈居第二）。

你要知道，我的女儿对我来说有多重要。我可以放弃我的一切来保护她，包括我的房子、我的汽车、我的偶像埃西亚森（Esiason）亲笔签名的运动衫、我的装满超级大减价时买的猪肉

---

① 没有必要在信上留下一两滴血，不过，如果你特别想这样做的话，那你真的太有品位了。

第十二章 怎样面对她的情窦初开

的冰箱（只有一件事可以让我超越对猪肉的爱，那便是超级大减价）、我收藏的摇头娃娃、我在啤酒联盟周赛取得冠军时得到的保龄球纪念品、我五十二英寸的高清电视以及我的肾。对我而言，女儿是最重要的，没有之一。因此，当我看到一个关于她的潜在问题时，我会很生气。

红色警报：你就是一个潜在问题。

当我生气时，就会变成一位爸爸仙子。是，它听起来就像《木偶奇遇记》（Pinocchio）中的一个可爱的角色，你想要把它带回家，在看书的时候抱着它。然而，爸爸仙子并不是和蔼可亲的。他一直安静地潜伏在阴影里，直到一个傻瓜引他动身，比如你，他就会变成一个连我也无法控制的疯子[①]。他非常暴力，当他被唤醒之后，从头到脚都是鲜血，还叼着被扯下来的新鲜的骨头。这种行为通常被称作"野兽密码"，会发生在总是瞟他的女儿的男孩的身上。他看起来就像吸血鬼、狼人、僵尸和雷神的结合版。他面目狰狞，变幻莫测，你绝对不想遇见他。

我知道你在想什么：我有什么可怕的？我不喜欢女孩。她们沉默寡言、愚蠢至极而且长满虱子。我宁愿用蜡笔在我的鼻子上作画，也不会喜欢她们。——所有的傻瓜都是这么想的。你可以装蒜。拽她们的小辫子以示你不喜欢她们。你这样做，骗不了任何人，尤其是我。我知道，你从幼儿园开始就跟所有的女孩分享你的

[①] "连"字用得好！

糖果（包括我的女儿）。这种行为便会导致爸爸仙子在午夜拜访你家。

珍爱生命，听我的话：去一个不太容易见到我的女儿的地方，比如乌兹别克斯坦的一所寄宿学校。如果因为某些原因，乌兹别克斯坦的学校不肯接收你的话，那么，我建议你悄悄地感染上严重的水痘，这样你就不用上课了，而且一整年都不用上学了。如果你不能听取上述建议的话，那么，你就有生命危险了。

如果你不听我的话，继续跟我的女儿见面，那么，你给我听好了：我，爸爸仙子，将会来找你。可能是今天。可能是明天。也可能是昨天。（没错，傻瓜，我可以时光旅行①。）可能是你觉得最有可能的时候。也可能是你觉得最不可能的时候。总之，我一定会来找你。我处于"野兽密码"模式中。

哦，以防你还不识字，我决定通过一个图表来将此事说清楚。

---

① 你不能时光旅行，不过他不必知道这一点。

第十二章 怎样面对她的情窦初开

记住：牙仙子（Tooth Fairy）拿走了牙，留下了钱；而爸爸仙子拿走了牙，留下了骨折。

离我的女儿远一点儿。

由衷的，

你最可怕的噩梦先生

这样的一封信一定会让他心生畏惧。或者使他尿裤子①。这份努力虽然非常有价值，但在防止你的女儿长大以及被男孩追求的长达一生的战役中，这才只是第一步。趁这场战役开始之前，好好珍惜你拥有的与女儿在一起的时光吧。我听说，战争的号角，将在其十几岁时便会吹响。

父亲守则

如果所有的女孩（包括你的女儿）似乎都喜欢上了同一个男孩，那么，立即通知所有其他的爸爸们。这样能争取时间，让你们作为一个团队，来制订一个计划解决这个问题，这样你自己便能够脱身了。并且，这样做还能让你有时间成立一个秘密俱乐部，所有的爸爸都可以在里面交谈、同情并且承认——非常自信地承认——你们开始喜欢粉红色了。

---

① 当然，他会说这是因为他还没有受到过如厕训练，但我们都知道到底是怎么回事。

第十三章
未来破产日
（如何开始为那场婚礼存钱）

Oh Boy, You're Having a Girl

A Dad's Survival Guide to Raising Daughters

成为父女：爱的梦幻之旅

上中学时，通过修剪草坪，你攒够了那双飞人乔丹（Air Jordans）的运动鞋；如今，你也可以通过修剪草坪，攒够你女儿将来的婚礼钱。只要你保证你的费用低于住在你家街对面的那个年轻人就行了。如果有需要的话，你完全可以散布一个谣言，说他修剪草坪赚的钱都用来买海洛因了。

在你的女儿还没有出生的时候，让你花钱最多的三件事可能是：啤酒、单身派对和熏肉。你合理消费，坚守"及时行乐"的准则！如果将拉丁语翻译成汉语，那么这句话的意思为"加倍下注"！你会带你的妻子共进浪漫晚餐、看电影，到影院的小卖部买最大份的爆米花和饮料。你甚至会给那个为你取票的人小费，因为你有钱。

然而，在你的女儿出生之后，上述行为都将成为过去，你再也没有钱做那些事情了。

如今你的钱去了哪里

养育一个女儿是你要承担的第二昂贵的事情，仅仅排在你的有线电视费用之后。女儿需要大量的保养（所谓"保养"，我是指"鞋子"）和关心（所谓"关心"，我是指"更多的鞋子"）。她们还需要超多数量的衣服。夏天的衣服、冬天的衣服、秋天的衣服、生日派对的衣服、拜访爷爷奶奶的衣服、睡觉时的衣服、度假的衣服，等等。所谓"等等"，我是指更多的衣服。爸爸们对此很不适应，因为我们迄今为止还穿着我们从高中时代起就拥有的那四件T恤。我们对此感到很骄傲，当

成为父女：爱的梦幻之旅

我们的妻子试图往我们的衣柜里放入一些新衣服时，比如没有洞洞的T恤，我们会感到很失望①。

衣服和"保养"并非女孩的唯一额外价签。除了洗发液，她们还要用护发素！护发素！你为了削减美容产品的开支牺牲自己，剃了光头，而她却添加昂贵的护发产品，比如护发素，来增加开支！简直令人难以置信！此外，女孩还需要至少一件公主裙，再搭配一根精灵魔杖和一个王冠——这两样东西一定会被你踩到、弄坏并且每四个小时就要更换一次。

但是，所有这些花费都无法与那件大事相提并论。你懂的，那件大事。

不，我指的并不是要在你家门前修的那条护城河。

婚礼的钟声很昂贵

大部分人在得知你生了一个女儿之后喜欢开的一个玩笑便是："女儿？那你最好现在就开始为她的婚礼存钱了。"

这个玩笑很老旧、很陈腐但也百分之百正确。婚礼不会自己从树上长出来，带有免费酒吧的婚宴也不会。你可以随便拿出21世纪的任何借口（比如"她可以自己为她的婚礼埋单"），但是，从你第一次看到她穿上公主裙并得到了她的一个拥抱的时候开始，你便知道，最后你会为她想

---

① 上面有洞洞的T恤是一种特色，炎炎夏日，它们还能为我们带来一阵清凉。

要的一切埋单。你只是非常绝望地希望，她想要的是成为一名修女。

所以，你从现在就要开始准备。如果你的女儿还在你妻子的肚子里，那么，你很幸运：你还有几个月时间开始存钱。而如果她已经出生了，在沙发上依偎在你的怀里，那么，你就处于绝对的劣势中，需要抓紧时间赶上了。不过，在你开始担心怎样存钱（之后我会告诉你）之前，首先你必须明确，你需要存多少钱。

一场昂贵婚礼的早期标志——婚礼花费指示灯

所有婚礼都是不一样的，所以花费也就不一样：从"超级的贵"到"非常超级的贵"到"我现在住在一个纸箱子里，因为我已经卖掉了我所拥有的一切，就为了我的女儿能够在她的婚礼上拥有一座巧克力喷泉的贵"。衡量此事的最佳方法是寻找婚礼花费指示灯——它们在于你女儿的喜恶。我来列举几个例子。

婚礼花费指示灯例1

如果你的女儿喜欢把她所有的食物都放在一起吃，那么，这便是一个婚礼花费指示灯，表明她可以接受自助晚餐（不那么昂贵）。但是，如果她喜欢把她的食物都分开，并且总是等着你去喂她的话，那么，这个婚礼花费指示灯表明，她想要一顿昂贵的、正式的晚餐——并且你还必须雇人来喂她。

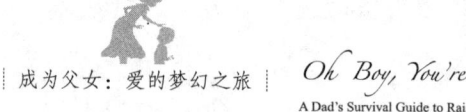

婚礼花费指示灯例2

你的女儿喜欢让她的头发散落下来,在风中飘动,不在乎看起来怎么样。这便是一个婚礼花费指示灯,表明她不需要雇用昂贵的造型师来为她做头发和化妆。她可以让一个朋友代劳(相当便宜)。相反,如果她总是让你帮她梳一个马尾或者用蝴蝶结、发夹和发带来做一个造型的话,那么,这个婚礼花费指示灯表明,你将来要为她雇用的美发师的费用相当于你一个月的房贷。

婚礼花费指示灯例3

当她用她的小仙女手机打电话,假装与别人聊天时,她可能会:
A. 总是只给那些亲密的家庭成员打电话?
B. 给家庭成员和朋友们打电话?
C. 给她遇到的每一个人打电话,包括她最喜欢的迪士尼电影中的角色?

如果答案是A(总是打给亲密的家庭成员),那么,你很幸运,因为这样的话,你只需邀请那些最亲密的人,举办一个小型的宴会就可以了;如果答案是B(打给家人和朋友),那么,你可能就要准备举办一场非常大型的婚礼了,到时候,你会需要定做一个巨大的蛋糕,并且雇用一位现场音乐节目主持人来播放《滑步舞》(*The Electric Slide*)这样的歌曲；而如果答案是C的话，我希望你拥有谷歌。

我女儿的第一场婚礼把我吓坏了

我第一次注意到婚礼花费指示灯，是在我的大女儿突然提出要玩"举办婚礼"的游戏。如果你还没有体验过婚礼游戏的快乐，那么，恭喜你！如果你能一直向你的女儿隐瞒婚礼这个概念，那么，我向你致敬。但是，如果她最终还是发现了的话，那么，你需要知道下面几件事：

新 郎

第一件事，她会从下面这份清单中挑选出一位新郎：她的其中一个布娃娃（很怪异）、一个想象中的朋友（更怪异）、日托所的一个男孩（详见第十二章）或者你，她的爸爸（完全可以接受）。我知道，这听起来有些奇怪，她最后选择了她的爸爸作为新郎，但是，这样做是非常合理的，因为：

- 她一定非常爱你；
- 你是她生命当中一位重要的男人；
- 每次她想要玩婚礼游戏的时候，你恰好都在场。

成为父女：爱的梦幻之旅 | Oh Boy, You're Having a Girl
A Dad's Survival Guide to Raising Daughters

仪　式

第二件事，你必须要准备一场婚礼仪式之后的晚宴。你通常可以用假的香槟杯来敬酒，然后用她的迪士尼公主派对藏品中的盘子来假装吃东西，而在此期间，你的目的是：

- 让她高兴；
- 不让她失去胃口（你的妻子制定的一条规定）。

我建议多兹乐沙拉——我的意思是，毕竟它的里面是有真正的水果的，对吗？

你的服装

第三件事，如果你是新郎，她会想要让你打扮得帅气一些。最简单的方法就是扎一条领带。好消息是，她会因为你为她打扮而非常感动；而坏消息是，她会觉得领带特别吸引她，以至于她不停地拽它、拉它、勒紧它，直到你的妻子赶来，制止她使你窒息①。

---

① 如果你一整天都表现得很好，那么，你的妻子会立刻跑过来，阻止你被勒死。但是，如果你一早上都在看《体育画报》（*Sports Illustrated*）上的泳装专题，而没有关心其他家务问题，比如把垃圾扔出去，或者意识到今天是她的生日，那么，在这个时候，她就会从容不迫，不紧不慢地过来。

第十三章 未来破产日

父亲守则

教你一个正确打领带的方法,使你可以有效避免在玩婚礼游戏时你的女儿用领带把你勒死。第一步:把你所有的领带都从衣柜里拿出来;第二步:把它们全部替换成别针。

她的服装

最后一件事,也是最重要的事,你的女儿将会明确她想要穿的衣服——如果你不能让她满意,那么她可能会选择在日托所认识的那个男孩代替你作为新郎。无论对你还是对那个男孩,这都不是一件好事。(说真的,不要跳过第十二章。)

在第一次陪我的女儿玩婚礼游戏的时候,我扮演了新郎的角色(我感到特别荣幸)。我把茶杯准备好,随时可以"举杯庆祝"了;我把多兹乐沙拉准备好,随时可以开吃了;我的领带帅气地挂在我的脖子上——在这一点上,我有一点要窒息的感觉。唯一剩下她非常渴望的一样东西便是:一件婚纱。

在帮你的女儿找婚纱的时候,一定要记住,不是随便什么裙子都可以。她对于自己想要的婚纱有清晰的想法,并且会非常详细地将其告诉你:"爸爸,你知道的,那条裙子。"

"哪条裙子?"

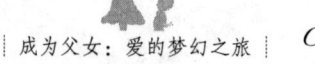

"我最爱的那条裙子。"

问题在于,我的女儿有一千条裙子,每条都是她的最爱。每条都有可能是那条裙子。因此,我在家里上上下下翻找了四个小时,寻觅那条裙子。首先,我将常规的地方都翻看了一遍,比如她的衣柜和梳妆台,把衣架一个一个拿出来看。就像一款混合版游戏,捉迷藏+二十个问题,不过,问题只有一个。

"是这条吗?"

"不是。"

"是这条吗?"

"不是。"

"是这条吗?"

"不是。"

"是这条吗?"

"不是。"

然后,我冒妻子之大不韪,去翻看了脏衣篮①。

"是这条吗?"

"不是。"

"是这条吗?"

"不是。"

"是这条吗?"

---

① 老婆,我只是在开玩笑。

第十三章 未来破产日

"爸爸,那是袜子。"

"它是你想要的吗?"

"不是。"

"好吧。"

然后我们又回到了女儿的房间,开始在玩具箱里、床底下、书架上以及屋顶上①翻找。防止遗漏,我又翻了一遍衣柜。可是,我依然没有找到她心目中的那条裙子,而我的女儿开始用失望的眼神看着我。我错过了游戏的制胜点,阻断了游戏的关键点,破坏了灰姑娘的水晶鞋。她只交给我这一项任务——找到那条裙子——而我却搞砸了。

她牵着我的手,就像父母指引孩子穿过拥挤的杂货店一样。她把我带到我的衣柜前,拉开其中一个抽屉。几秒钟之后,我恍然大悟:原来,她想要穿的婚纱,实际上是我的一件白衬衫。

如此简单,如此贴心。当我给她穿上这件白衬衫之后,她笑了。我也笑了。然后我吓坏了。

虽然这件白衬衫穿在她身上很可爱(而且很便宜),但不要被这种假象蒙骗。这是一个婚礼花费指示灯!对于结婚礼服,她已经看中白色的婚纱了!我们都知道,在所有的婚礼礼服中,白色的婚纱是最昂贵的!到底有多贵呢?我还记得我的岳父在第一次看到我的妻子的白色婚纱上的价签时的情景。

"那件婚纱多少钱?"他在说出这句话的时候,感觉已经被吓到

---

① 因为在我上大学的时候,在找我的短裤找了很久之后,我发现它们被挂在了吊扇上。不要对此刨根问底,我确信,这应该跟我学习太用功有关。

了。"我简直不敢相信,一件婚纱竟然能这么贵。只需要一半的价钱,我就能雇到一位中央情报局的枪手,把你那位新郎给干掉了。那样做都能便宜很多。"①

为女儿的婚礼存钱的八个方法

要想承担起你女儿的婚礼,那么,有件事很明确:你需要十个亿。(你要把基本用品,比如椅套和二十五年的通货膨胀都纳入考虑。)你如果不相信我的话,可以看下面这个表格。

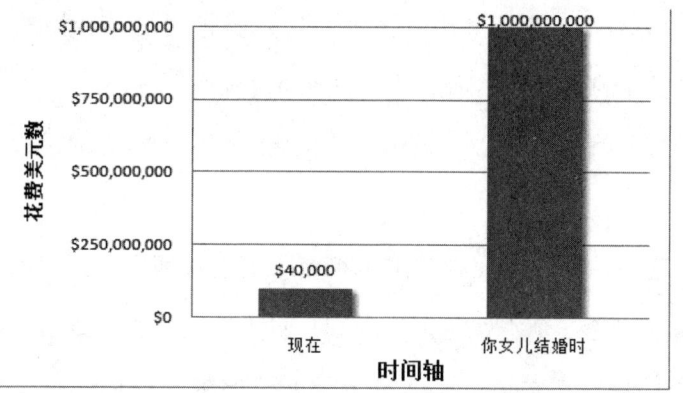

来源:美国预算和计划部——婚礼部

存够十亿美元本不该那么难,对吗?谢天谢地,我已经总结出了八

---

①那个时候,我岳父的这句话听起来很荒唐可笑。如今,我也是一位爸爸了,这个想法听起来完全合理,而且我还很喜欢。

个方法，你可以利用它们来开始为你的女儿未来的婚礼攒钱了。我已经把这些方法都试过了，正在通往十亿美元的道路上前进着①。你也赶紧来试一试吧！

1. 开始售卖等离子

不，不是电视。等离子是你的血液中的一部分，负责向身体里的所有细胞运输水分和营养物质的，并且可以用来向那些休克、烧伤或者被爸爸仙子拜访了的人（详见第十二章内容）输血。每次你捐献一些等离子，都可以赚得平均二十五美元的收入。政府允许普通人每周最多捐献两次，但是，作为拥有女儿、将来要为她的婚礼花大笔金钱的父亲，你可以钻法律的空子（《美国法典》第七条，第二部分），每周捐献等离子十九次。以这个频率，乘以每年五十二周，当她到了七十岁这个合理的结婚年龄时，你便能存到足够的钱了。

并且，你还在挽救无数生命。这将有助于你缔造伟大的传说。

2. 修剪草坪

上中学时，通过修剪草坪，你攒够了那双飞人乔丹的运动鞋；如今，你也可以通过修剪草坪，攒够你女儿将来的婚礼钱。只要你保证你

---

① 只差999999800美元就存够了。

的费用低于住在你家街对面的那个年轻人就行了。如果有需要的话,你完全可以散布一个谣言,说他修剪草坪赚的钱都用来买海洛因了。将来上帝听到你在女儿的婚礼上花钱雇用的十七人管弦乐队演奏出的优美旋律时,他便会饶恕你的。

3. 组建一支乐队

这不仅很有趣,而且很容易。只要找到你最亲密的三个拥有女儿的朋友(并且擅长玩《吉他英雄》游戏)加入就可以了。要记住,音乐本身远远没有你们的乐队名字重要。毕竟,哪个教区节日不会雇用一支名叫"奉子成婚"的乐队呢?

4. 开一个柠檬汁小摊

在我小的时候,我想赚点小钱,便开了一个柠檬汁小摊,五十美分一杯。考虑到额外的管理费用(你的父母不再资助你成本,你必须要自己为柠檬汁小摊缴税)、营销费用、社交媒体宣传费用以及你现在做的柠檬汁要比你八岁时做的好喝得多的事实,我觉得如今卖117美元一杯比较合理。而这还没有算上距离你女儿未来的婚礼的通货膨胀的费用,如果都算上的话,一共应该是225美元一杯。可是,你会说,没有人会随身携带那么多现金,对吗?没关系。幸亏有了智能手机的软件扫码功能,你可以接受所有的信用卡支付。

5. 对小社团裁判吼叫

你的很多邻居家的小孩都进行体育运动。而很多父母都非常想对那些裁判吼叫，但是也明白，这样做违反社团的政策，任何人对裁判进行言语上的恐吓都会立刻被驱逐出场。而这正是你介入的好时机。谈好价格后，你可以扮作父母混入比赛现场。得到暗示后，你就跑到裁判面前大喊大叫。你可以把自己的帽子摔到地上，踢飞他脚前的泥土，像疯子一样张牙舞爪，等等。这样做不仅能赚到钱，而且还很好玩儿。不过，你一定要小心。我用亲身经历告诉你，有些裁判是随身携带电击枪的。

6. 销售你所有东西的冠名权

如果运动队可以这样做，你为何不可以呢？只要有人愿意赞助，你可以销售你的房子、汽车、电视、前院的路灯、你妻子的鞋柜以及任何你拥有的东西的冠名权。实际上，我通过跟菲多利公司签订了一项协议，将我的名字改为布莱恩·安东尼·玉米片·奶酪·立体脆六个月，而得到了很多钱。那是光荣的六个月。

7. 中彩票

我知道你在想什么：可是，我只有175000000分之一的概率中奖！那也是你可能负担得起你女儿的婚礼的概率。这难道只是一种巧合吗？我表示高度怀疑。买彩票吧！

8. 发明空间移动器

不像时间旅行，空间移动器完全是可能被发明出来的，而这全靠你了！我保证，一定有人愿意花大价钱来把自己的手放在这种东西上——因为对于我而言，我就很愿意让这个空间移动器把我运送到遥远的未来，远离我的三个女儿准备结婚并且都来找我要信用卡的未来！

巨大的回报

跟你们一样，我距离嫁女儿还有很多、很多年（希望如此）的时间。然而，为她们的婚礼攒钱使我将时间更少地花费在泡吧上，更多地花费在家里。我知道，我可以选择做以下任何事情来打发时间：吃培根、吃猪肉卷培根、在对比亚伯特·普荷斯（Albert Pujols）与普林斯·菲尔德（Prince Fielder）作战率的同时吃培根，等等。但是我不会那样做。并且我也建议你不要那样打发时间，因为这是你为将来在你的女儿的婚礼上做准备的大好时机：练习父女之舞。

只有通过多年的准备和练习，才能让充满纪念意义的父女之舞达到完美。（这也是一个绝佳的论点，以防她在长到可以当总统的年龄之前就结婚。）你需要选择正确的歌曲、练习正确的舞步并找到正确的、不会使她太尴尬的亮粉色西服。不过，最重要的是，你可以从她一出生开始就跟她一起练习。你可以把她举到你的脸颊处，前前后后地摇摆，用襁褓把她包裹得紧紧的，让她知道，即使她将来早晚要结婚，你也永远都不会完全放手。当她慢慢长大，可以开始自己跳舞的时候，你可以让她站到你的脚上，跟她一起在客厅里跳华尔兹，让她知道，即使她将来会找到另外一个人跟她一起度过下半生，你也一直会在她最需要的时候陪伴在她的身边。而当她长大到可以跟你面对面地站在一起，非常优雅地跟你共舞时，她会感激你对她付出的巨大的爱。

不幸的是，她还会发现，你完全没有节奏感。

父亲守则

绝对不要在你的女儿的婚礼之前长出新的胡子。她不喜欢它。当然，如果你是要跳肯尼·罗杰斯①的《此爱经年》（*Through the Years*）的话，你便可以长出一撮邪恶的大胡子。

---

① 肯尼·罗杰斯（Kenny Rogers）：美国乡村歌手、摄影师、唱片制作人、演员、企业家、作家，他的唱片一直在美国畅销不衰，他曾获格莱美最佳专辑唱片奖和十一次白金唱片奖，而他最显著的外貌特征便是一脸白胡子。——译者注

第十四章
为何拥有女儿是最棒的

（爸爸的小棉袄）

Oh Boy, You're Having a Girl

A Dad's Survival Guide to Raising Daughters

成为父女：爱的梦幻之旅

　　只要一到公共场合，就会有人表示特别喜欢你的女儿——这是一件好事。你只要给她的头上戴一个蝴蝶结，然后带着她去逛杂货店，就会点亮很多人的生活，包括她的，也包括你自己的。没有人会提及，她还穿着睡衣，也没有人在意，你把她的鞋都穿反了。他们只是觉得很高兴遇到你们，很高兴看到那样美好的画面。

在我写这最后的一个章节的时候，我想让你知道，我的腰间围了一个超级粉嫩的芭蕾舞短裙。为什么呢？因为我的三个可爱的小姑娘——非常震惊地得知，我没有粉红色的衣服——于是便为我做了一件，从而使我在圣诞节她们穿粉红色的衣服时不会觉得孤单。

芭蕾舞短裙？真的吗？

你可能会在想，穿这样女性化的衣服实在是太尴尬、太丢人而且太难脱掉了，因为，实际情况是，一条粉红色的芭蕾舞短裙与你充满牛仔裤、卡其裤以及十岁时穿的演唱会T恤的衣橱（我的妻子说，这简直是世界上最糟糕的衣橱[①][②]）藏品是完全不搭的。你可能会在想，穿成这样会使我的妻子弃我而去，因为虽然芭蕾舞短裙穿在小姑娘的身上是很可爱的，但是穿在一个头发稀疏、长着浓厚的胸毛的中年大叔的身上并没有相同的效果。你可能会在想，如果是你，你绝对不会在公开场合承认

[①] 我很难相信，鉴于以下两个事实，我的妻子还有资格做出这样的评价：a.我已经穿成这个样子了，她还自愿嫁给我；b.她还有很多件"热血男儿"的T恤。
[②] 热血男儿，一档由韩国观众参与评选并通过网站投票结果确定最终谁能作为歌手出道的选秀节目。——译者注

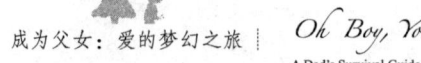

自己穿芭蕾舞短裙的事情,尤其是在一本会被数百万人阅读的畅销书的最后部分(谢谢你!)。你可能会在想很多事情,但是,你错了。

实际上,每当我的女儿们要求我穿这条芭蕾舞短裙时,我都会面带笑容、非常骄傲地穿上它。

我要告诉你一个小秘密:拥有女儿是我遇到的最好的事情。就是这样。我不在乎自己是否中了彩票或者在接下来的梦幻棒球比赛中是否得到了首选的位置。拥有女儿使我看到了一个全新的世界,这个世界充满的爱、兴奋与经历,是我做梦都想不到的。

我知道,我在这本书中用了大量篇幅来讲述养育女儿要面对的各种挑战——的确,在养育女儿的过程中,是有一些挑战存在。但是,巨大的回报是,你将会拥有一个爸爸的小棉袄。每位父亲都应该如此幸运。

为了证明女儿真的会使你的生命变得更好,我罗列了十个理由,读完你便会知道,为何女儿掌控一切,为何你拥有女儿很幸运。

1. 杂货店里的每个人都会对你发出赞美

是的,我知道,你曾遇到杂货店里的很多人过来跟你讲,从来没有见过长得像你这样帅气的人。但是,这是不一样的。拥有一个女儿,就像随身携带一块巨大的磁铁一样,可以吸引每个人的眼球。他们会在小卖部里径直走向你(尤其是年纪大的女士)——当你正在购买大量腊肠的时候①，告诉你，你的女儿是多么可爱。基本每段对话都是这样的：

哦，天啊，我从来没见过这么可爱的女孩！她几岁了呀？
一岁半了。
有意思的年龄。我简直不敢相信，她的笑容如此甜美。
谢谢。
当她长大的时候，一定会伤了很多追求者的心的。
希望如此。那样我就不用出手伤了他们的脖子了。
你真幽默。而且还很帅气。你的妻子一定是一个非常、非常幸运的女人。

好吧，最后一句是我瞎编的，不过你明白我的意思。只要一到公共场合，就会有人表示特别喜欢你的女儿——这是一件好事。你只要给她的头上戴一个蝴蝶结，然后带着她去逛杂货店，就会点亮很多人的生活，包括她的，也包括你自己的。没有人会提及，她还穿着睡衣，也没有人在意，你把她的鞋都穿反了。他们只是觉得很高兴遇到你们，很高兴看到那样美好的画面。

这个世界需要更多非常爱自己的女儿的父亲向别人炫耀这一切。努力成为这样的父亲之一吧，我保证，世界将会为此给予你丰厚的回报。

---

① 你知道一公吨到底有多少吗？我也不知道。但即使我知道，也依然不会改变我吃了一货车腊肠的事实。

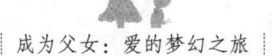

2. 当你在酒吧里告诉他人自己拥有一个女儿时,出于同情他们会为你埋单

没有女儿的家伙总是会习惯性地假设,拥有女儿一定是世界上最艰难的工作之一。他们喝的酒越多,拍你肩膀的次数便越多,你得到的免费啤酒也就越多。他们好像认为,你90%的生活都是由蝴蝶、王冠、吵闹的踢踏舞"表演"和更加吵闹的歌曲演唱(这些歌曲对你和女儿而言,都是全新的,因为每次她都会现场瞎编)填满的。你知道吗?其实,他们100%正确。但是,他们不知道的是,你很享受其中——享受这样的每分每秒。

你依然很喜欢与你的朋友们出去喝几杯冰啤酒,就像你一直做的那样,但是,你也很喜欢与你的女儿待在她的玩具厨房里,帮她系上围裙,跟她一起在炉火上炖肉炖菜。你喜欢听她讲关于她的假想的朋友的故事。你喜欢在带她到公园玩了一整天之后,把她从车上抱下来,轻轻地放到床上。这些时刻将来都会成为你人生中最美好的回忆。

而且,你还能因此得到很多免费的啤酒。一箭双雕。

3. 你可以偷偷地欣赏糟糕的音乐并宣称:"哦,我不喜欢那首歌,但是我的女儿喜欢,她逼我一直听。"

女儿是很多事情的绝佳替罪羊:听非常另类的音乐、到电影院看卡通片、购买(并阅读)《牛仔裤的夏天》(*The Sisterhood of the Traveling*

Pants）那样的书（闭嘴，那些书是非同凡响的）。她们使你可以做很多你通常非常想做但是害怕被朋友奚落而不敢做的事情。拥有女儿给了你一项做任何女性化事情的豁免权，只要你把责任都推到她的身上就行了。

"听着，我根本不想学《江南Style》（Gangnam Style）的舞蹈，可是我的女儿逼我学。她还逼我把自己跳舞的视频录下来，放到网上，并且给自己点赞。真的，我不想这样做，可是她抓着我的手逼我这样做。"

你把女儿当挡箭牌，并不会使她失望。相反，她会很激动地与你分享她的兴趣爱好。因为你参与到她的生活中，她将来一定会成长为一个更好的人。

4. 有一天，你会让她挽着你，走过那条红地毯

我知道，我知道，我们已经花大量篇幅谈论了婚礼的高昂费用。但是，当你站在教堂的后边或者海滩上或者任何你的小公主决定举办婚礼的地方等待她的时候，那笔钱已经花完了，所以你还是尽情地享受为好。

牵着你的女儿走过红毯，是每位父亲都期待的最美妙的时刻之一。很搞笑的一点是，从小到大，我从来都没有幻想过我自己的婚礼是什么样子的，然而，自从我的女儿出生之后，我就一直在幻想她的婚礼。当她穿着那件长长的、美丽的白色婚纱，用她的胳膊挽着我的胳膊的时

候，我会注视着她。伴随着《D大调卡农》（Canon in D）的奏响，我们庄重地出场。房间里的灯光闪瞎了我的眼，打断了我的美梦，不过，这也给了我更多的时间淘汰新郎，为将来的那一天做准备。

我知道，这一天还很遥远，并且还有很多特别的时刻可以让你与女儿共享。（我听说，一些小学会举办父女舞会，从而给你练习的机会。）如果没有女儿，你永远都不会拥有那些时刻。而且，你也会失去那些愉快的时光。

5. 当她感到害怕时，会蜷缩到你的怀里

无论是打雷的巨响，还是《绿野仙踪》（The Wizard of Oz）中的恐怖画面（西方所有的拥有女巫的场景都会吓到我的女儿），抑或是一些小孩在圣诞节时打扮成公主之外的样子来敲门，她都会跑向你，跳到你的膝盖上，用双臂抱住你，就像抓住救命稻草一样。这是因为，你是她心目中的英雄。

迪士尼电影总是讲述一位王子与一些愚蠢的家伙的故事。实际上，他们应该制作一部爸爸拯救自己的女儿于生活的各种危机（骑摩托车的男孩或新闻事业）之中的电影。作为父亲，你要在她最需要的时候保护她。这是你的职责。无论有时你觉得多么艰难，事后你都会发现，你很享受这种被需要的感觉。

一天晚上，我们家停电了，我的三个女儿都吓坏了。我指的是那种用她们最大的声音尖叫的吓坏。我和妻子点亮了蜡烛，打开了手电筒，

可是她们依然黏在我的身上，就像我是一棵巨大的糖果树一样。我试图通过在墙上做影子木偶来使她们淡定下来，可是并没有用。我甚至尝试唱了整首的《魔发奇缘》主题曲，可是那让她们更害怕了。一切都没有用。电只停了半个小时，可是她们表现得就像我们已经在黑暗中坐了几个月一样。在那段时间里，我只有一个想法：我希望永远都不要再来电。

你的女儿会长得特别快——相信我。那些她跳到你的膝盖上紧紧地黏着你的时刻不会永远持续下去。但是，你对它的回忆会永远持续。因此，在她需要你的任何时候，一定要紧紧地抱住她。

6. 在你心里，她永远都是最美的

从你把那个小女婴从医院带回家的那一刻起，她在你心里永远都是最漂亮的。即使是在她没睡好有起床气或者吐得全身上下都是脏东西的时候，那双眼睛和那张笑脸，也会以一种特别的方式温暖你的心田，而那种感觉，这个世界上的任何其他事物都无法给你。有的时候你也会生气，比如她把葡萄汁洒到你最喜爱的棒球运动衫上的时候，或者她用头撞你的胯部的时候，但是，没过几秒你便会不生她的气了。为什么？因为每个女儿都会在自己做错事之后，做出那种"爸爸，我爱你"的特殊表情。她们以此来求得原谅。而这样做很有用。

生活中，我们都需要一些美好的事物。而当你有了一个女儿之后，你的生活中会充满这样美好的事物，你甚至还有剩余的与他人分享。

（别担心，大部分时间你都可以拼命地攫取。）

7. 生女儿会让你的母亲高兴，从而使你成为最好的儿子

当然，她以前告诉过你，在这个世界上，她最爱的就是你。然而，那是一个谎言。在这个世界上，她真正最爱的是能够发光的圣诞节毛衣。不过，当她拥有一个孙女之后，她的最爱又变了①。

当你第一次看到你的母亲抱着你的女儿的时候，你会觉得很神奇。当然，她也会喜爱她的孙子，但是，孙女是不一样的。从今以后，她又有了买漂亮裙子和与之搭配的发带的机会，也有了将她的母亲送给她的珠宝首饰传给下一代的机会，还有了给你的女儿起"卷毛球"（你讨厌它）和"天使宝贝"（你喜欢它）这样的绰号，从而使她与你的女儿形成特殊关系的机会，更有了看你如此深情地照顾自己的女儿，让她很满意地知道，她养育你的方式很正确的机会。

虽然她绝对不会直接感谢你给她生了一个孙女，但是，她会非常频繁地来你家，或者假装扭到了脚，这样你便会带着你的女儿一周多去看她好几次。这是她表达感谢的方式。

妈妈，不客气。

（不过，说真的，不要再叫我的女儿"卷毛球"了。）

---

① 所谓孙女，就是那个能够欣赏她奶奶的会发光的圣诞节毛衣的人。

8. 你会在你的女儿身上看到你妻子最大的优点（以及一小部分你的优点）

你的妻子是一个非常好的人。她聪明、幽默、有魅力、有同情心并且很温和。不过，她也有一点疯狂。正是所有这些特点，使你深深地爱上了她。

与她生了一个女儿，便实现了两个聪明、幽默、有魅力、有同情心并且很温和，不过也有一点疯狂的女人的诺言。每天被她们包围着，是一件非常幸福、值得感恩的事情。

别担心，你的女儿也会遗传到你的一些优良品质，比如完善假装握手的艺术以及在放屁的时候通过大笑来掩饰。不过，她会比你更甜美、更文雅，并且不会像你那么臭（通常情况下）。如果是一个儿子的话，肯定跟你一样臭。这便是女儿胜过儿子，女人胜过男人，可以传宗接代的原因。

9. 当她生病的时候，你可以旷工

如果是儿子，那么，即使他烧到了42℃，你也依然会把他送到托儿所或者幼儿园。然而，如果是女儿，你便会在她看起来要打喷嚏的时候就赶紧打电话叫医护人员。然后你的妻子就会拔掉电话线，阻止你这样做。而你会请假不上班，待在家里陪伴女儿，她让你做什么你便做什

么。为她煲汤、给她读书或者当她的枕头,总之,你会变成一个超级英雄,一会儿一杯果汁地来治愈你的女儿。

一个周末,我的三个女儿在同一天闹了毛病。我的妻子想要帮忙,可是她也不舒服。于是我便自告奋勇,用坛坛罐罐包围住她们,这样一来,无论她们怎么呕吐,她们盖的毯子也能一直保持干净。我把她们每个人都抱到洗手间很多次,以至于我都能去报名参加马拉松了。在那短短的一天里,我的体重减少了十三斤。当她们终于开始发烧后,我便坐在旁边,帮她们擦去额头上的汗水——就像所有的好爸爸都会做的那样。

照顾一个生病的女儿,知道自己在她最需要的时候陪伴在她的身边,那种满足感是任何工作能够给你带来的一千倍。

10. 无论你的日子多么糟糕,她的拥抱和亲吻都会使一切变好

你可能会经历最糟糕的一天。你的亲密战友离开你们,去追求更好的工作了,然而,你的公司决定,不再雇用新人接替他,而是把他所有的工作都加到你的身上。更糟糕的是,你的车在停车场里被剐蹭了,而"肇事者"①甚至都没有礼貌性地留下便条。然后,在回家的路上,你的妻子告诉你,她把你的Xbox给弄坏了。还有,你最喜爱的乐队也解散

---

① 剐蹭者,别剐蹭我的车!

了。而且，你的岳母要搬来跟你们一起住。

这一系列的噩梦将会使大部分的男人坠入绝望的深渊，但是你不会，因为你现在拥有一个女儿。

当我一天过得很糟的时候，我会掰着手指算时间，直到我看到我的女儿们。她们一看到我，便以最快的速度向我跑来，跳到我的怀里。她们的拥抱和亲吻瞬间抹去了一切烦恼——工作、汽车磨损以及午饭吃四十块麦乐鸡导致的消化不良。我问她们那天过得怎么样，她们告诉我"爸爸回来后就更好了"。这句话简直快要把我融化了。当你的女儿用她的拥抱和亲吻消除你的一切烦恼时，你也会被融化。

既然你如今已经身处拥有女儿的爸爸俱乐部里，知道了在这场育儿之旅中会发生的点点滴滴，你就将能够享受这些特别的时刻，不会再像读这本书之前那样感到焦虑了。我希望你能够从中学到一个宝贵的经验[①]。我也希望你能将这些真理和信条传递给得知自己将要有个女儿便一脸惊恐、好像生命将要彻底被改写的那些爸爸们。你要让他们知道，当他们听到医生说"哦，天啊，是个女孩"的时候，他们的生活并没有结束，而是刚刚开始，并且将会非常精彩。

当然，当女儿们长到青春期的时候，本章内容便会自动失效。到那个时候，你就自求多福吧。

[①] 辛辛那提猛虎队（The Cincinnati Bengals）一定会在明年的超级碗比赛中夺冠，现在就给赌城打电话吧！

第十五章
父亲急救箱

（在遇到紧急情况之前，请不要阅读此章）

Oh Boy, You're Having a Girl

A Dad's Survival Guide to Raising Daughters

成为父女：爱的梦幻之旅

　　你的妻子已经开始在谈论再要一个孩子的事情了。这可能发生在你的女儿几岁大的时候，也可能发生在她刚刚出生的时候。更恐怖的是，我听说有人在怀着孕的时候就跟她老公说，想要再生一个孩子。（那时，她老公还在适应他们要拥有一个女儿的消息！）

糟糕，你竟然翻开了此章？我真的希望你不必这样做。如果你不得不阅读此章，那么，我对你表示同情。真的。因为无论你准备得多么充分，你的女儿依然会时不时地给你出难题。幸运的是，无论你的女儿给你出怎样的难题，我都能理解（在此方面我已经积攒了多年的经验），并且，我可以告诉你一些方法，来帮你处理这些难题。

本章概括了三种非常普遍的女儿紧急情况。每一种我都亲历过了，而我现在还活得好好的，这就证明，这些紧急情况不会要了你的命（然而，如果你不做好充分准备的话，它们会给你造成相当程度的心理伤害以及阳痿）。不过不用担心，我会教你如何应对这些情况，为你提供具体的指导，帮你有效地防止和控制这些情况。

紧急情况1：不速之客

你正在与你的女儿共享美好安静的下午时光。你们在开喝茶派对。你的女儿不仅把她自己打扮好，还把你也从头到脚打扮了一下：蝴蝶结、王冠、贴纸和亮片。你坐下来，开始享用你的女儿专门为你倒的茶，茶杯还是迪士尼灰姑娘款。在她的世界里，一切安然无恙，对你而

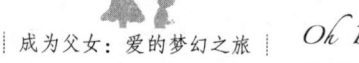

言亦然。

突然有人敲门。你跟女儿请假离开一下派对，然后去开门。门打开之后，你发现门口赫然站着你的一群好朋友（你彻底忘记了今天要跟他们一起去当地的俱乐部看重要比赛的约定，他们是来接你的）。他们的暗自偷笑让你恍然大悟：天啊，我现在像一个公主！

此时此刻，你要怎么办？

应对方案

首先，不要惊慌。你的朋友们很善于感觉到你的害怕。而他们越感觉你害怕，情况就会越糟。此时此刻，你基本没有任何事情可做以在你的朋友们面前挽回面子，而如果你要表现得很尴尬的话，就会伤了你的小公主的心。因此，与其站在那里被你的朋友们嘲笑，我建议你不如这样做：

"哦，谢天谢地，你们终于来了。"

（回过头看你的女儿）"嘿，亲爱的，喝茶派对的其他客人们都到了。我去拿蝴蝶结和亮片。你给每个人都准备够了吗？"

当你再回过头的时候，你会发现，你家的走廊已经空空如也了。问题解决了，对吗？当然没有！

至少会有一个损友用他的手机给你抓拍了一张照片，并且会在接下来的五分钟之内把它传到脸书上去。你需要在此"丑闻"公之于众之前，先拍一张你和女儿一起享受喝茶派对的照片传上去。一定记得加上文字说明:"我的女儿泡的假茶是世界上最好喝的!能够与她一起分享,我感觉非常幸福!"

在你的那些损友发表任何负面评论之前,他们的妻子不仅很"喜欢"这张照片,还会这样留言,"太可爱了!""你是世界上最好的爸爸!""杰夫也这样做过,只是我们的女儿还让他戴耳环!"

现在,关注点便转移到杰夫的身上了。

不客气。

紧急情况2:时间冲突

你的女儿有一场芭蕾独奏会,与此同时,你有年度梦幻足球赛。你已经尽最大的努力调整时间了,可是你们联盟的其他成员都不想帮你(可能是因为在过去的五年中,你已经赢了三年,而且,火上浇油的是,你还发出倡议,要以你自己的名字来给联盟的奖杯重新命名),他们拒绝更改时间。你肯定不能错过你女儿的芭蕾独奏会(即使她的舞蹈时间只是漫长的三个小时舞蹈表演中的四分钟而已)。如果你想不去,你的女儿(还有你的妻子)将永远不会原谅你。

应对方案

让你的爸爸代替你去参加球赛,并且让他用你的装备和招数。你的爸爸一定会特别高兴,因为这样一来他就不用去参加芭蕾独奏会了。说不定,他还会帮你支付一半联盟的费用哦。太好了!

注意:不可否认,此招并非百分之百有效。因为,你的爸爸有可能会不听你的,完全采用特里·布拉德肖(Terry Bradshaw)的招数(因为在他小时候,特里·布拉德肖是他最喜爱的球员)。不过,为了你生命中的女人的幸福快乐,你值得冒这个险。

紧急情况3:你的妻子想要再生一个孩子

你的妻子已经开始在谈论再要一个孩子的事情了。这可能发生在你的女儿几岁大的时候,也可能发生在她刚刚出生的时候。更恐怖的是,我听说有人在怀着孕的时候就跟她老公说,想要再生一个孩子。(那时,她老公还在适应他们要拥有一个女儿的消息!)这真的令人很不安,因为,如果你已经生了一个女儿的话,那么你下一个孩子有98%的可能性还是一个女儿[①]。在这种情况下,你要怎么办呢?

应对方案

举起双手表示妥协。女儿们好极了!

[①] 这份数据是由美国医学会怀孕分娩部和路易·威登手包联合提供并且是由梅西百货赞助的。

终极测试

你看完了！本书已进入尾声，我保证，你现在一定比之前更聪明、更懂得如何养育女儿了。甚至以某种方式，更加帅气了！

为了检验你新学到的知识，我要对你进行一场终极测试。这场测试一共包括十个问题，它们不仅测试你的育儿技巧（我相信你一定已经掌握了，因为像我一样，你也拥有一个女儿——而这，我的朋友，将使你百分之百地了不起），而且当你得到满分时[1]，还会大大增强你的自信心。

此外，与之前的测试题一样，本场终极测试的正确答案依然都是D选项。

---

[1] 这场测试采用评分制。你的最少得分为一百分。因此，你只需要轻轻松松地把这些题目答完，然后在上面写一个巨大的"满分"，最后贴到你的冰箱上。这是你应得的（因为你拥有一个女儿）。

问题1

你正在一个男厕的小隔间里帮你的女儿方便,这时,她看着你大声说:"爸爸,为什么我们旁边隔间里的人闻起来像放屁了一样啊?"此时此刻,你要:

A. 淡定地跟她解释,这是在厕所里,一切闻起来都像放屁一样。

B. 告诉她,只要不尿到你的鞋上,其他的事情都不要管。

C. 为了缓和气氛,自己顶黑锅:"亲爱的,不好意思,是我放了个屁。"

D. 无法控制地大笑。毕竟,这确实非常可笑。

问题2

你正在与你的女儿一起坐在沙发上,突然,她说自己肚子疼,然后就吐了你一身。此时此刻,你要:

A. 立刻叫救护车,告诉接线员,你需要医疗看护,因为你的女儿正在往你身上呕吐。

B. 看着她的眼睛说:"不要担心,亲爱的。你的优秀因子太多了,你小小的身体已经盛不下了,所以它们都试图跑出来了。"

C. 跟她一起难受,吐到你妻子的身上。

D. 给你的妈妈打电话,让她过来照顾你俩,因为她是清理呕吐物和照顾呕吐小孩的专家。并且，她还会给你带来超级美味的鸡汤——这是母亲的本性。

问题3

你的女儿让你来当她假装的婚礼上的新郎。此时此刻，你要这样表示愿意：

A. "当然！我非常愿意跟你结婚。不过，你最好还是先跟你的妈妈说清楚，因为我不想让她忌妒我们。"

B. "我可以继续穿着睡衣吗？还是必须要精心打扮一番？"

C. "我可以继续吃我的特大号肉丸三明治吗？"

D. "当然，不过有一个条件：这必须是你最后一次结婚。"

问题4

女儿半夜醒来，偷看了你们的房间，于是第二天便问你，为什么你和你的妻子赤裸地躺在床上。此时此刻，你要这样回答：

A. "妈妈又忘记穿衣服了！"

B. "亲爱的，你只是在做梦。如果你以后再做同样的梦的话，最好赶紧转过身，回床上睡觉，然后再也不要跟任何人提起此事。"

C. "我们房间里的空调坏了，所以我们把衣服都脱了，凉快一下。"

D. "你的妈妈想看看我们俩谁身上的毛发比较重。当然是我了——

毫无悬念。"

问题5

你和女儿正在她最喜欢的餐厅吃饭,这个时候,她要去上厕所。你赶快把她带到公共洗手间,打破了你的妻子的"在任何情况下都绝对不要做的事情清单"中的一项。事后,你会主动告诉你的妻子吗?

A. 当然,夫妻之间最重要的就是坦诚。

B. 当然,不过你要尽量笼统地说,不要提及任何细节。并且,你要赶紧把你的女儿带到楼上,给她洗澡。

C. 当然,不过是在你的女儿绝对不能帮你保守秘密的情况下。

D. 如果你活腻了的话,就主动坦白吧。

问题6

你的朋友打电话过来,邀请你参加你们的朋友马克的单身派对——一个脱衣舞会。此时此刻,你要:

A. 告诉他们你对脱衣舞会不感兴趣,并且礼貌地拒绝;

B. 告诉他们你对脱衣舞会不感兴趣,并且礼貌地拒绝;

C. 告诉他们你对脱衣舞会不感兴趣,并且礼貌地拒绝;

D. 没关系,你根本没有时间接这个电话,因为你一直在忙着清理你的女儿尿到洗手间地板上的尿液,因为她学你站着撒尿。

问题7

在你所有的朋友们面前,你的女儿问你,她什么时候才能长出鸡鸡。此时此刻,你的本能反应是:

A. 假装心脏病发作,并且祈祷救护车尽快赶到,以免她又问出更加令人尴尬的问题,比如:"它会有蛋蛋吗?"

B. 假装中风,并且期待她放弃刨根问底。

C. 假装没有听到她的问题。

D. 转向你的朋友们,说:"我需要帮忙。你们的女儿都是什么时候长小鸡鸡的呀?"

问题8

你已经使出浑身解数想让你的女儿尿在马桶里,但就是没有用。此时此刻,你要:

A. 放弃,并希望商家制造十七码的尿不湿。

B. 雇用一位专家来教她。

C. 默默祈祷奇迹发生。

D. 将马桶刷成一个巨大的尿不湿的样子,从而混淆视听。

问题9

你注意到,一个小男孩非常频繁地跟你的女儿一起玩过家家,而你的女儿看起来也非常喜欢他。有一天,他"意外地"消失了。你的女儿会问,他怎么了,此时此刻,你要告诉她:

A. "亲爱的,我也不知道。可能他搬走了。搬到非常、非常远的地方去了。"

B. "亲爱的,男孩子就是这样的。他们总是想来就来,想走就走,所以,除了我之外,你绝对不能相信任何其他的男孩。我是绝对不会离开你的。永远。我保证。"

C. "什么男孩?我不记得有什么男孩啊。可能是你出现幻觉了吧?"

D. "你知道的越少越好。"

问题10

你的女儿告诉你,你是全世界她最喜欢的爸爸。此时此刻,你要:

A. 用你全部的力量拥抱她。

B. 亲吻她。

C. 告诉她,你对她的爱超过了世间的一切,包括熏肉①。

D. 上述三项都做。

---

① 这已经是你能给一个人的最高赞美了。

附录

不同年龄段的女孩会学习什么

0—6个月

语言

- 知道如何尖叫。大声地。
- 开始用微笑来交流。这表示她很高兴或者要放屁。

认知/智力

- 学会吮吸一切她觉得可以分泌食物的东西，比如乳房、奶瓶、奶嘴，以及如果你离她特别近的话，你的鼻子。
- 不理解白天应该用来玩，晚上应该用来睡觉。
- 喜欢被紧紧地抱着，不像你的妻子，恨不得你能离她的产后派对十尺远。

身体/运动

- 开始会抬头了，而不是将她的脑袋永远像奥运奖章一样挂在脖子上。
- 开始会翻身了，正面背面来回翻滚。不幸的是，她不会像一只小狗一样，听从你的命令来翻身，所以，不要期待她能在你的朋友们面前露一手。
- 练习坐起。
- 练习从坐起到跌倒。
- 获得了突然戳你眼睛的技能。（这点一定要小心，很疼！）

自理

- 哈！

6—12个月

语言

- 开始大量发出"呱呱声"，这是在暗示父母，"要哄我一整晚。"
- 可能会说她的第一句话，虽然那并不能算是一句话，不过听起来很像"爸爸"。

认知/智力

- 意识到你的存在，知道你和她同处一室。

- 当妈妈抱着她的时候，哭的次数会少一些，因为她不想让你的妻子难过。即使在这样小的年龄，你的女儿也能意识到，你是这个世界上最好的人。

身体 / 运动

- 学会怎么爬。
- 学会怎么快速地爬。
- 学会怎么打翻东西，包括你最看重的彼得·罗斯的布娃娃。（该死！）
- 学会走路了，这意味着你永远都没有坐下来的机会了。

自理

- 哈哈！

12—18个月

语言

- 对她自己的名字有回应。对一切亲昵的语言都有回应，诸如"公主""亲爱的""小臭臭"等等。
- 对单步命令有回应（例如，"过来""别动""不要吃鼻屎"等等）。
- 对单字命令没有回应（例如，"停""不""不——"）。
- 通过用手指和发出声音来表达需求（例如，需要你给她换尿布，或者需要你清理她让你更换的、在她的婴儿床里弄得到处都是脏物的尿布)。

- 知道了"妈妈""爸爸""朵拉"以及"上垒率"的意思。
- 重复和模仿她听到的声音,尤其是你不小心在她面前说的脏话。实际上,她就像一只鹦鹉一样,特别喜欢伸出舌头发出"啪"的声音,然后喊出"乳房"这个词。
- 指着你身体的一部分,比如你的鼻毛。
- 叽喳叫、哼哼、"唱出"至少两首20世纪80年代的电视主题曲。
- 能够识别书中两幅不同图画的区别,比如一只狗和一只猫,一辆汽车和一辆火车,一件王薇薇(Vera Wang)定制礼服和一条现成的裙子。

认知 / 智力

- 理解有的东西即使被你藏起来了,也还是存在的。
- 重复动作来学习,"举手"的下一个动作便是"击掌"。
- 通过触摸和品尝来研究你家里的每一件玩具。
- 根据形状和尺寸来整理简单的物品(例如,小屁股,极小的屁股,大屁股)。
- 清理东西,尤其是你地毯上的液体。
- 从一个容器(你的钱包)里掏东西出来,然后再把它们放回去(可是,你的信用卡依然莫名其妙地失踪了)。

身体/运动

- 一个人站起来。
- 把一件东西放到一个容器里。
- 把东西放到嘴里。
- 把东西举到鼻子边。
- 从站起到坐下,慢慢降低自己的位置(也叫作"练习波动")。
- 乱写乱画(在你的工服上)。
- 自己走路(作为在你的工服上乱写乱画的惩罚)。
- 打开抽屉和柜子,主要是你花了数个小时安装安全插销的那些。
- 弯腰捡东西(这是她最后一次会在你家里捡起东西了)。
- 扔球(指叉球)。
- 鼓掌(为你最爱的球队)。
- 竖食指(为你最爱的球队的糟糕替补)。
- 爬到一两英尺高的物体上,根本不考虑你恐高的事。

自理

- 洗手(很好)。
- 用有盖子的杯子喝水(很好)。
- 脱衣服(非常非常不好)。

18—24个月

语言

- 理解"不要"的意思，但是选择忽视它。
- 胡言乱语中，都带有你的第二十一个生日庆典的节奏和韵律。
- 知道熟悉的人的名字，包括斯蒂芬，你的高清电视。
- 用五十五个字来描述她梦中的婚礼。
- 会说三个字的话（"我要吃""我要拉"）。
- 会听短故事，例如《点球成金》（*Moneyball*）；会听童谣，例如歌曲版的《点球成金》。
- 当被问的时候，可以指出身体的六个部位。鉴于她只有一双手，现在就这么厉害了，将来上大学一定能得到奖学金。

认知／智力

- 开始有"种类"的概念（例如，"玩具""书""食物""跑垒得分"等等）。
- 假装（例如，这块多彩泥是一条蛇，这块多彩泥是一条虫子，而这块多彩泥是一条伪装成虫子的蛇）。
- 当被问到爸爸妈妈她最喜欢谁时，会在家庭相册里指出你的照片。
- 专注于一个活动五分钟（这不是真的）。
- 尝试用不同的方式来忽视你。

- 在两件事情之间进行选择（画一个橄榄球四分卫和画一个橄榄球右后卫）。

身体/运动

- 跑。
- 上楼梯。
- 堆六块积木。
- 把一个球向前踢。（并且不是偶然事件！）

社交

- 让你知道，她最喜欢的一个词就是"不要"。
- 担起简单的责任，比如丢失的遥控器。
- 在你哭的时候，她会很担心——当她看了一眼球赛的比分后，便明白了为什么。
- 对其他的孩子感兴趣（老天啊，只要不是男孩子就行）。
- 试图安慰非常沮丧的人（你，在你发现妻子的信用卡账单之后）。
- 给布娃娃喂多彩泥。

自理

- 用勺子和叉子把食物扔到地上（谢天谢地——她以前一直都是非常野蛮地用手扔的）。
- 穿衣服（我更喜欢这个举动！）。

- 在我们给她穿衣服的时候，把脚和腿都伸到正确的洞洞里——这项技能她的爸爸都没能掌握。

24—36个月

语言

- 会说简单的句子，例如"爸爸，不要再唱歌了""真的，爸爸，别唱了"。
- 与她想象中的朋友詹妮弗（Jennifer）进行简短的对话。

认知/智力

- 可以听简单的故事书，只要你愿意一遍又一遍地重复同一个故事就行。
- 认识一种颜色（粉红色）。
- 理解"一""二"和"三连冠"的概念。

身体/运动

- 会画独角兽（或者说是拖船——真的很难确定她画的到底是什么）。
- 把一个球往前踢（好吧，这次是意外）。
- 扔球（不过，是以女孩的方式）。
- 单脚独立做《功夫梦》中的鹤踢动作。
- 脚尖点地站立，然后打翻一些东西。

- 用不同的方式从楼梯上摔下来。
- 爬低层的梯子。
- 学会脚踏车,(终于)能够自己骑车去上芭蕾舞课了。

社交

- 跟身边的每一个穿公主装的女孩一起玩。
- 开始使用"永远做最好的朋友"这个术语。
- 把人分为"超级英雄"和"仙子"两种。
- 参与"鸭,鸭,鹅"和"拔手指"这样的互动游戏。
- 认识到如果她的朋友是个"男孩",她的爸爸就会杀了她的朋友。

自理

- 开始使用马桶(呜呼!)。
- 自己梳头发以及帮你梳头发——比你想象中的要疼很多。
- 穿裤子——她不再需要你了。这项任务你算是彻底交差了。

致谢

如果没有一个非常给力的团队，本书便不可能出版。首先，我要感谢我的妻子，布列塔尼（Brittany），无论我的言语听起来多么疯狂，或者梦想多么虚无缥缈，她都毫无条件地支持我。她为我付出了太多太多——幸好，我能够以如此帅气的外表回报她。我也要感谢我的母亲，她是我所知道的最有创造力的人之一，并且从我小学六年级开始帮我写我的第一个短故事起，就一直全力支持我的写作工作。我希望我在我的女儿们的心中，也能像她在我心中这样伟大。我还要感谢我的姐姐，詹妮（Jennie）；我的祖父母和外祖父母，弗兰克（Frank）和马琳（Marlene）以及克莱姆（Clem）和珍（Jane）；我的岳父岳母，凯文（Kevin）和丹妮丝（Denise）；他们一直都相信我，即使是在我自己都不相信自己的时候。对我而言，这意味着一切。

接下来，我要感谢我的代理人。蒂娜·韦克斯勒（Tina Wexler），她是我认识的人当中最努力的一个，并且比我出色一千倍；劳拉·达利（Laura Daly），给我非常好的反馈，使这本书变得更加有趣；布兰登·欧尼尔（Brendan O'Neill），他是一个全能型编辑——我说真的，他简直就是一个妙点子机器。而且，他还很有耐心、聪明、幽默、帅气（对此我持保留意见）。

然后，我还要向恰克（Chuck）和扎克（Zac）表达感谢之情。如果不是我们在共享美味午餐的时候进行精彩的头脑风暴，恐怕我要比现在瘦得多。不过，估计我也就从而放弃了太多好想法了。谢谢你们让我不要放弃。感谢我挚爱的家人、朋友、老师、TheLifeOfDad.com网站的粉丝以及每一个在我的生命中扮演哪怕是微小的角色的人，我发自内心地感谢你们。

在此，我还要特别感谢一下我的爸爸。他教会了我爱和幽默，教会了我做一个出色的人。他是世界上最好的爸爸，是我的偶像，我每天都在努力地模仿他。我真的非常希望他依然活在这个美丽的星球上，能够亲眼看到这本书的问世。他一定会为我感到骄傲的。我只希望，天堂也有书店，而此时此刻，他正捧着我的书，在跟他的天使朋友们炫耀。

最后，我要把最大的感谢给我的女儿们，艾拉、安娜和米娅。你们就是我的一切，感谢上天把你们赐给我。我非常爱你们。当你们长大后，我会毫无保留地支持你们。我会每天都努力工作，帮你们也追逐你们的梦想——即使你们的梦想是写一本关于你们的疯狂老爸的书。